本书受到云南省哲学社会科学学术著作出版专项经费资助

类型学视野下的
英汉名词短语关系化
对比研究

A Contrastive Study of
the Relationship between English and Chinese Noun Phrases
in the Perspective of Typology

施红梅 著

中国社会科学出版社

图书在版编目（CIP）数据

类型学视野下的英汉名词短语关系化对比研究／施红梅著．
—北京：中国社会科学出版社，2016.8
ISBN 978 – 7 – 5161 – 9376 – 1

Ⅰ．①类…　Ⅱ．①施…　Ⅲ．①名词—短语—比较语法学—
英语、汉语　Ⅳ．①H314.3②H146.3

中国版本图书馆 CIP 数据核字（2016）第 280677 号

出 版 人	赵剑英	
责任编辑	田　歌	
责任校对	李　妲	
责任印制	何　艳	

出　　版	中国社会科学出版社
社　　址	北京鼓楼西大街甲 158 号
邮　　编	100720
网　　址	http://www.csspw.cn
发 行 部	010 – 84083685
门 市 部	010 – 84029450
经　　销	新华书店及其他书店

印刷装订	北京市兴怀印刷厂
版　　次	2016 年 8 月第 1 版
印　　次	2016 年 8 月第 1 次印刷

开　　本	710 × 1000　1/16
印　　张	15
插　　页	2
字　　数	224 千字
定　　价	58.00 元

目　　录

表 目 录

第一章　引论

关系化（relativization）又称关系从句建构（relative clause construc-tion/formation），是对某个句法位置上的名词短语所作的一种句法操作（许余龙，2012：643）。关系化的产物被称为"关系从句"（Relative Clauses）。正如 Quirk（1985：1245）所言，修饰名词的关系从句是关系从句的中心类型。对于关系从句的研究一直是国内外学者研究的重点之一。Greenberg（1966）提出了 45 条跨语言的共性，其中第 24 条提到：如果关系从句前置于名词是唯一的或者是可交替的结构，那么这种语言或是使用后置词，或是形容词前置于名词，也可能二者兼有。首次明确提出了关系从句的位置与语言的语序相关联。此后，关系从句的研究便成为学者们关注的一个焦点。

1.1　文献综述

Keenan & Comrie（1977）提出了语言中存在的另一个普遍共性，即"名词短语可及性等级序列"（Noun Phrase Accessibility Hierarchy）：SU > DO > IO > OBL > GEN > OCOMP。在该等级序列中，最左边的位置可及性最高，因此最容易被关系化而形成关系从句；最右边的位置可及性最低，最难被关系化形成关系从句。NPAH（名词短语可及性等级序列的缩写）的提出更是引发了学者们对关系从句的研究热潮。国内对关系从句也早有研究，只不过是将其称为"偏正结构"或"VP 的"结构而非"关系从句"。尤其是围绕"的"字用法的相关研究早已展开。吕叔湘（1943），朱德熙（1961），张敏（1998），沈家煊（1999），郭锐（2000），陆丙甫（2003）等学者对其都有过深入探讨。

刘丹青（2005：193）认为汉语从句概念的缺乏除了有碍中外语法学术的交流、不利于国内的研究成果走向世界之外，更实质性的影响是可能制约语法调查研究的深化，不利于国内各种语言方言语法事实的调查研究和很多语法规律的揭示与解释。刘丹青的担心曾经较为真实地反映了国内对从句的研究状况。但是，随着类型学研究和外语教学研究的深入，越来越多的中国学者已开始注重对汉语从句进行研究，其中就包括对关系从句的研究。本节拟对英汉名词短语关系化研究进行归纳总结，重点对五十多年来汉语名词短语关系化的研究内容，研究方法和其中存在的不足进行梳理，以便为今后的相关研究提供借鉴。经过仔细梳理，我们发现对关系化的研究主要呈现出以下四个方面的特点：

1. 从类型学视角对名词短语关系化进行研究已经成为一个趋势。对名词短语关系化的研究视角在不断扩大，已从对单一语言的研究扩大到对跨语言的研究，从共时的研究视角扩展到历时的研究视角。学者们从类型学的共时和历时视角来考察不同语言的关系化现象，总结和归纳出跨语言中存在的普遍规律并尝试对其作出理论解释。主要研究成果有：Greenberg（1966），Keenan & Comrie（1972，1977），Andrews（1975），Givon（1975），Downing（1978），Maxwell（1979），Fox（1987），Dryer（1992），Croft（2000），Hawkins（2007），Song（2008），Hendery（2012），刘丹青（2005），唐正大（2005，2006），吴福祥（2009），王远国（2011），刘丹青、唐正大（2012），许余龙（2012，2013）等。Greenberg（1966）最先注意到了关系从句与语言语序之间存在着一定的对应关系；Keenan & Comrie（1972）对句子中处于不同句法位置的名词短语被关系化的难易程度进行了考察，提出了"名词短语可及性等级序列"；Dryer（1992）通过跨语言的考察，发现世界上的 OV 型语言中，关系从句在中心语之后的比例约占58%；而在 VO 型语言中，关系从句处在中心语之后的约占98%；Hendery（2012）对关系化的标记类型进行了历时研究，发现跨语言中关系从句的标记词的来源除了有疑问词、指示词和代词外，还应包括话语标记词、类属名词、区别词和比较词等。同时指出，在关系从句和标记词的演变过程中，语言接触是一个重要的原因。学者们普遍认可汉语的基本语序属于 SVO 语序，但是汉语关系从句的位置却位于中心语之前，与类型学家观察到的普遍共性相反。因此，对汉语关系从句的研究引起了很多关注。国内学者也积极借鉴类型学的研究成果考察汉语关系化的特点，并取得了很多成果。唐正大（2006）考察了189种语言，发现在以SVO为主要语序的92种语言中，有91种语言的关系从句都位于中心语之后；在以SOV为主要语序的85种语言中，有45种语言的关系从句位于中心语之前，有37种语言的关系从句位于核心名词之后。在以VSO为主要语序的12种语言中，关系从句全部位于中心语之后。此外，用类型学视野考察汉语关系从句比较突出的成果有2012年由刘丹青主编，唐正大为副主编出版的论文集《名词性短语的类型学研究》。该论文集以类型学成果为背景，以汉语的跨方言材料和少数民族语言的跨语言材料为主要语料，从类型学视角对名词性短语进行了较大规模的系统的考察，对中国境内语言尤其是汉语的名词性短语进行了研究。对汉语和少数民族语言在语序、语类及其语音和词法结构、短语句法结构、从句、形态－句法行为所体现的语义范畴等方面的类型特点及其背后的人类语言共同机制进行了探讨。此外，吴福祥（2009）从接触语言学和语言类型学角度论证了南方民族语言（侗台、苗埃、南亚及南岛）关系小句和核心名词的固有语序是NRel。认为部分语言中出现的RelN模式是语言接触的演变和变异的产物。触发这种演变和变异的"模式语"是汉语，演变的机制主要是"语序重组"。从类型学视角对英汉名词短语关系化进行对比研究的还有王远国（2012）、许余龙（2012，2013）等。王远国（2012：97－101）从英汉关系从句的形成、关系化策略、名词短语的可及性、关系化标记、关系从句和核心名词的语义关系等方面进行了比较，认为两者的相同点在于：英汉关系从句都是小句中某一名词性成分被关系化后形成的；英汉语都允许名词短语可及性递进阶上所有名词性成分的关系化；英汉关系从句都可采用空缺策略。两者的差异在于：在英语中，被关系化名词性成分是左向移出小句，而在汉语中被关系化名词性成分是右向移出小句；英语关系从句可采用关系代词策略，而汉语不可以；汉语关系从句多用代词保留策略，而英语几乎不用；英语关系化标记"that"可以隐性出现，也可以显性出现，但是汉语关系化标记"的"必须显性出现。从关系从句和中心语的语义关系来看，对于关系从句的非限制性用法英语比汉语更广泛。汉语关系从句的非限制性用法仅限于对核心名词的描述。许余龙（2012）从类型学的视角出发，以英汉小说为语料，考察了英汉名词短语关系化是否遵循 Keenan 和 Comire 提出的名词短语可及性等级序列。发现两者之间的主要差别表现为汉语关系化具有主语属格语与宾语属格语之间的不对称现象，而英语则没有。于是提出了 GEN_{SUJ} 和 GEN_{OBJ} 之分，修正了汉语的名词短语关系化的可及性等级序列，认为汉语的 GEN_{SUJ} 要高于宾语和旁语。

学者们从类型学视角对名词短语的关系化进行的研究，扩大了对关系化的研究视野，取得丰硕成果。但是，也存在一些不足。不足之一是由于类型学家们几乎无一例外地将无定名词短语和非限定性关系从句排除在研究范围之外，造成了对限定性关系从句的研究成果较多，而对非限定性关系从句以及以无定名词短语为中心语的关系从句研究的忽略。不足之二是学者们对相关研究成果的借鉴较为单一，不能完全反映语言本身的全貌。类型学家借鉴汉语关系从句的研究成果比较片面。例如，Keenan & Comrie（1972）借鉴的是对汉语口语关系从句的研究成果。Hendery（2012）借鉴的几乎全是 Shi Yuzhi 和 Li, Charles N（2002）的研究成果，并不能反应汉语关系从句的研究成果的全貌，得出的结论也难免存在有争议的地方。与此相似的是，国内学者对国外学者研究成果的借鉴也较为单一。就目前所收集到的文献来看，国内学者介绍、引用、借鉴和探讨得最多的是 Keenan 和 Comrie（1977）提出的"名词短语可及性等级序列（Noun Phrase Accessibility Hierarchy）"和 Hawkins（1994）的"语域最小化原则（Minimize Domain proposal）"。我们在"中国知网"中输入主题"名词短语的可及性序列"，共出现了 51 条相关的文献。其中包括博士、硕士论文、国际会议、期刊论文等。而对其他的类型学家的研究成果，如 Givon（1975）提出的"格的可复原性（case recoverability）"以及相关的八种不同关系化策略、Andrews（1975）以句法排列结构总结出不同语言中关系从句四个方面的差异、Fox（1987）以英语口语为语料提出的"通格假设（Absolutive Hypothesis）"和 Croft（2000）提出在句法结构的参项模式中起作用的"交际动因（communicational motivation）"等研究成果关注较少。我们认为，对不同研究成果的广泛吸收可以帮助我们更好地理解英汉语的关系化现象，深化英汉关系化现象的研究，同时能进一步促进类型学和对比语言学的研究，理应引起学者们的更多关注。

2. 对关系从句的形式与功能进行深入研究，逐渐注重两者之间的结合。文献中对英语关系从句的句法研究成果丰硕。至目前为止对英语关系化的句法生成主要有两种不同的观点：匹配分析（the Matching Analysis）和提升分析（Promotion Analysis）。Chomsky（1977）提出的匹配分析认为，关系化结构和比较结构一样，都是由 Wh - 移动推导形成。关系从句为附加结构，关系从句的中心词在基础生成，算子移动至关系从句的 CP 指示语位置，中心词不允许再造。而提升分析法的倡导者如 Smith（1969），Schachter（1973），Vergnaud（1974），Kayne（1994）等则认为关系从句的中心词处于从句内部的某一位置，中心词是从关系从句中提升出来的。对汉语关系化的句法生成进行深入探讨的学者并不多。其中比较有影响的是 Ning（1993），Del Gobbo（2003），Simpson（2002），Aoun & Li（2003），杨彩梅 & 徐烈炯（2005），杨彩梅（2007，2011，2012）陈宗利（2007，2009）。陈宗利认为汉语的关系从句在生成过程中，中心语既可以基础生成于 Spec RelP 位置，也可从从句内部提升移动而来。杨彩梅 & 徐烈炯（2005）提出了汉语关系从句推导的非移动假设。杨彩梅（2006：33 - 34）认为从结构来说，汉语关系从句是中心名词的附加语成分；从推导来说，汉语关系从句的中心名词在从句外基础生成，但从句内既没有算子零形式的非论元移动也没有中心名词的直接提升。杨彩梅（2008：20）总结了英、汉关系化在六个方面的区别证明了汉语关系化与英语关系化的生成不同，汉语关系化的生成过程中没有移动。与英语关系化的移动语迹（NP/ DP - 语迹或 wh - 语迹）表面对应的空缺只是空代词。Del Gobbo 归纳了区分 RRCs（限定性关系从句）和 NRCs（非限定性关系从句）的十大句法特征（转自韩景泉，周敏 2012：212），如下图所示（ + 表示允许， - 表示不允许）。

RRCs/NRCs 句法区别特征

句法区别特征	RRCs	NRCs
1. 中心语为任何语类	–	+
2. 句子副词	–	+
3. 中心语为代词	–	+
4. 中心语为量词 NP	+	–

5. 从句代词在主句量词辖域内	+	-
6. 中心语在主句否定词辖域内	+	-
7. 从句在 DP 的最后位置	-	+
8. 从句堆垛	+	-
9. 中心语为专有名词	-	+
10. 复杂介词并移	-	+

　　Del Gobbo 以此十大特征来测试汉语中关系从句的情况，发现汉语中的关系从句表现出来的都是 RRC（限定性关系从句），因此推断汉语中不存在 NRC（非限定性关系从句）。对汉语关系从句的句法位置进行过研究的学者还有赵元任（1968），王琼（2006），张智鹏（2010），韩景泉、周敏（2012）等。学者们逐渐意识到语义语用功能的重要影响。如 Keenan & Comrie（1977）就是从语义的角度定义的关系从句，提出了著名的"名词短语可及性等级序列"（Noun Phrase Accessibility Hierarchy）。Hendery（2012）从功能角度定义了关系从句，从历时类型学的视野重点考察了关系从句的标识词（marker）在不同语言中的历史演变，强调了语言接触在其中所起到的重要作用。Givón（1975：143）对"格的可复原性"（case recoverability）的研究就是综合考虑了语义和语用功能的互动，而 Fox & Thompson（1990）从话语功能（discourse function）的角度探讨了美国口语中说话者选择关系从句的情况。卢丽萍（2010：171）以认知语言学理论为框架，从原型范畴理论、图形－背景理论和语法化理论解读了英语关系从句的分类的模糊性，分支方向的认知理据，关系词的语法化。学者们对英语关系从句的中心语为有定名词短语还是无定名词短语时，其后的限定性关系从句是否同质提出了质疑。如曹逢甫（2005：330）认为英语的有定名词和无定名词关系化后的语义功能有差别，有定名词短语为中心语，表达的是已知信息，其后的限定性关系从句的主要功能是限定中心语的范围以便确认（identify）。而无定名词短语作为中心语表达的是新信息，其后的限定性关系从句的主要功能更多是为了陈述，断定功能（assertive function）更强。还有学者如贾德江（2003）、曹明伦（2011）等明确提出判断英语限定性与非限定性关系从句之别不能仅依靠形式上的区别，即不能把中心语与关系从句之间是否

有逗号隔开作为唯一的评判标准。

国内外学者也从语义和语用等方面对汉语关系从句进行了考察。余玲丽（2005：59）基于图形-背景理论对英汉关系从句进行了认知对比分析。提出，英汉关系从句都可蕴涵新信息。但是，在汉语关系从句中，其核心名词的定指关系比较模糊，其功能是从认知角度而非从语法角度来看其限定关系。英语关系从句因组成策略的不同经常违背从后景到图形信息编排原则，而汉语的关系从句则很少违背此原则；英语关系从句可蕴涵图形信息，而汉语关系从句因句法限制则不可蕴涵图形信息。文旭、刘润清（2006）从认知语用的角度探讨了汉语关系从句的限定性与非限定性、关系从句与中心语的语义关系以及关系从句的句法特征和功能。文旭、刘润清（2006：112）指出，汉语关系从句有无限定性与非限定性之分，最关键的问题是说话人在心理上赋予关系从句及其中心语什么样的地位。汉语关系从句的句法特征主要包括三个方面：关系从句中成分的中心语化遵循"可及性等级"；中心语的省略是一个语用语法化的过程，其认知因素就是由于中心语过分突显；中心语有时还涉及右移位。蒋仁萍（2007：357）探讨了交际动因在汉语关系从句中的具体体现，探讨了关系从句中交际动因的运用，并概括了语言的经济、象似、交际三大动因的互动关系。此外，刘丹青（2005），唐正大（2008），丁彧藻（2009）等也从语义和语用方面对汉语关系从句进行研究。

这一方面存在的不足之一是对汉语关系从句的句法、语义和语用的解释力度不够深入，致使汉语关系从句是否有限定性与非限定性的区别，如果有区别，如何对其进行鉴别等问题都没有达成共识。有的学者认为汉语关系从句没有限定与非限定之分，如 Del Gobbo（2001，2003），屈承熹（2005），石定栩（2010）等。而大多数学者，如赵元任（1968），Hashimoto（1971），陈宗利和温宾利（2004），文旭，刘润清（2006），唐正大（2007），杨彩梅（2009）等都认为汉语关系从句有限定性与非限定性之分。但这些学者对于如何对其进行界定仍然没有统一的标准。赵元任（1968），Hashimoto（1971）等认为指示代词"这，那"在关系从句的前后位置决定了关系从句的功能。如果指示代词位于关系从句前，那么关系从句是限定性的；如果指示代词位于关系从句后，那么关系从句是描写性的（非限定性的）。然而，陈宗利、温宾利（2004）认为汉语关系从句功能的区别不是取决于关系从句与指示词的语序关系，而是取决于对比重音这一音系因素。带对比重音的关系从句为限定性关系从句，不带有对比重音的关系从句为非限定性关系从句。认为汉语关系从句功能区别不是取决于关系从句与指示词的语序的学者还有文旭，刘润清（2006），唐正大（2007），杨彩梅（2009）等。不足之二是对汉语关系从句形式与功能之间的差异没有达成共识。学者们对于汉语中的句法与语义是否匹配存有争议。杨彩梅（2011：814）认为，用"NP－DP－VP－省略"这种形式手段可以证明无论英语关系从句还是汉语关系从句都有句法上的限制性与非限制性区别来与语义上的该区别相匹配。并提出限制性与非限制性句法区别存在于隐性句法而非显性句法中。而韩景泉、周敏（2012：212）对此持反对意见。他们认为汉语存在限制性与非限制性关系从句，但对其界定不能采用任何句法区别手段，只能用句法－语义不匹配分析法，因为这两者有相同的句法特征和生成机制，只存在语义上的区别而并没有任何显性形式句法上的差异。这些问题的存在同样需要引起更多学者的关注。

3. 研究范围不断扩大，研究层次不断细化。借助语料库等辅助手段已成为学者们研究英汉关系从句的常用手段。此外，国内外学者不但研究书面语体的关系从句，而且注重对口语、方言中关系从句的研究，研究内容也逐渐细化。Fox & Thompson（1990）利用加州大学圣芭芭拉校区的美国口语语料库（Corpus of Spoken American English）对英语对话中关系代词省略的现象进行了深入研究。Gregory R. Guy & Robert Bayley（1995）对书面语和口语中的关系代词的选择进行了研究，Tao & McCarty（2001）利用诺丁汉大学语料库（Cambridge and Nottingham Corpus of Discourse in English）对英语口语非限制性关系分句进行了研究。国内学者也通过自建小型语料库等手段，从不同层次和视角对汉语关系从句进行研究。如陶红印（2002）将篇章语言学视角引入到对汉语口语叙事体中的关系从句的研究之中。方梅、宋贞花（2004）以叙事语体的关系从句为参照，以自然口语对话材料为统计对象，考察了对话语体里关系从句的篇章功能和语义表达功能。徐赳赳（2008：8）考察了汉语关系从句的语法特征和篇章特征。认为关系从句的语法特征表现在其句法结构、出现的位置和修饰成分上；其篇章特征表现在关系从句在篇章中的分布、关系从句的复杂性、关系从句的缺失以及关系从句的主语和被修饰中心词的所指关系上。方梅（2004）对口语中的关系从句进行了考察。通过对自然口语的考察后指出，汉语中存在前置关系从句，也存在后置关系从句。前置关系从句因受"简单结构"限制，具有限定性，用来指称、识别某个实体。后置关系从句较少受"简单结构"限制，具有描述性，用来提供新信息。而且后置关系从句形成的语用动因可以归结为单一新信息原则和线性增量原则。董秀英（2003：120－126）以法律文献中"的"字短语的为例，探讨了"的"字短语做后置关系从句的用法。认为由"的"字短语充当的后置关系小句与其所修饰的中心名词组成一个复杂的名词短语，一般在句中做话题，且一般只出现在具有假设蕴含的语境中，并有进一步发展为一个假设分句的倾向。当"的"字短语与中心语之间是限定关系时，如果"的"字短语后置，所构成的复杂名词短语只出现在表示假设的语境中，而不能出现在现实语境中，而前置的"的"字短语既可以出现在现实语境中，也可以出现在假设语境中。唐正大（2004）对关中永寿话进行考察，对方言永寿话的关系从句进行了描写，探讨了永寿话中只用"的"做关系化标记与属性谓语的关联、有指示成分参与关系化的情况、核心名词不出现的关系从句、"数＋量"组合/量词做关系化标记、带有体意义的趋向补语"下"做关系化标记以及零标记，并剖析了各种标记的组合规则。刘丹青（2005）对跨方言进行比较后得出汉语关系从句的标记类型。指出，除了"的"类标记类型外，还有指示词和指量短语、量词、半虚化的处所词等都可以充当关系从句标记类型。还有学者从结合关系化与主题化进行研究。陈平（1996：27－36）经过考察汉语中话题结构和关系结构之间的关系后认为，就跟句法话题有关的关系化（relativization）来说，现在定义的句法话题在汉语中并不能表现出一致的语法功能。提出汉语中的话题结构是否能转换为关系结构，带或者不带充当中心词的名词词组完全取决于句法话题的语用解释。陈平认为，至少就关系化和名词化而言，按现有定义的句法话题在汉语中并没有一致的语法功能。也有学者就关系化具体的名词性成分进行了探讨。彭锦维（2005：142－144）探讨了汉语中处所成分的关系化问题。认为只有语义上表实体的处所成分才能被关系化；表意比较概括的处所成分容易关系化，专名较难关系化，除非它在关系小句中充当处所主语。

并且指出，处所成分关系化结构中"的"字的隐现引发的问题带给我们的启示是限定词"这/那"似乎有"的"的功能。

这方面研究存在的不足是学者们对关系从句的界定标准不同，选择研究的范围宽窄不一，导致结论的客观性受到质疑，影响了对汉语关系从句的深入研究。刘丹青（2005：194）认为所谓关系从句，就是从句所修饰的中心名词在从句中也有一个句法位置，包括主语、宾语等，可能是空位，也可能有代词复指。并非所有作定语的从句都是关系从句。假如被从句修饰的中心词在从句中没有同指的空位或代词，便不是关系从句。而文旭、刘润清（2006：111 – 117）认为汉语关系小句的重要功能是与表示时间、处所、条件、方式、工具、伴随情况的名词构成一个时间、处所、条件等从句，由于这些名词所表示的语义都是动词语义搭配中的非论元成分，因此，每一个动词都可以与之搭配，很少有什么限制。因此，他们研究的是所有充当定语的从句。有的学者如濮擎红，濮明明（2010：31）直接将其称为定语从句，认为汉语定语从句有多种类型，它可以修饰句子中担任任何语法成分的名词，如主语、宾语和其他成为"旁格"的核心词。

方梅（2008：296）认为所谓"关系从句"，指的是修饰名词的小句，其功能相当于一个名词性定语。通过对自然口语的考察，方梅指出汉语中存在前置关系从句，也存在后置关系从句。前置关系从句因受"简单结构"限制，具有限定性，用来指称、识别某个实体。后置关系从句较少受"简单结构"限制，具有描述性，用来提供新信息。她所探讨的后置关系从句不是我们通常意义上带"的"类型的关系从句，而是除了参照关系从句语义上的关系之外，还要通过考察句法上的独立性和关系化标记来辨识。方梅认为一个典型的从属性小句不能独立进入篇章。而且一个典型的关系代词不体现被指涉对象的所指范围（如：专指/泛指，有定/无定，单数/多数），它所处的句法位置也不能恢复成被修饰名词或相应的代词。因此，她认为在以下这个句子"你比如说你跟着那种水平不高的英语老师，他根本不知道那个纯正的英语发音，他英语语法也不怎么样"中，后置关系从句"他根本不知道那个纯正的英语发音，他英语语法也不怎么样"是用来修饰"那种水平不高的英语老师"。方梅所研究的后置关系从句显然不同于汤廷池（Tang, 1979：257）提到过的汉语中的后置关系从句。在汤廷池提到的例句"那一个人，留胡子的，是我外公"和"这一本字典，我昨天在台北买的，非常实用"这两个例句中，后置关系从句"留胡子的"和"我昨天在台北买的"分别修饰中心语"那一个人"和"这一本字典"。董秀英（2003：121）所探讨的后置关系从句与汤廷池所探讨的后置关系从句相似。董秀英认为只"的"字短语还有一种用法就是做后置的关系从句，修饰出现在其前的名词性中心成分。这种用法在法律文献中经常出现。比如，她认为，在"当事人对决定不服的，可以申请复议"这个句子中，中心语是"当事人"，而"对决定不服的"是一个后置的关系从句，这个结构的意思与"对决定不服的那些当事人"基本相同。可见，学者们对关系从句的研究范围差异很大，得出的结论也各不相同。

4. 注重多种学科的相互融合，从应用语言学、心里语言学和神经语言学的角度，通过实验或测试手段，探讨关系从句的习得、加工机制和翻译等问题。如 Hsiao & Gibson（2003）从对汉语进行自控步速阅读（self-paced reading）的实验结果中得出了结论，认为汉语提取宾语的关系从句比提取主语的关系从句容易获取；Hawkins（2007）探讨了日语、韩语以及粤语的关系从句的习得问题；吴芙芸（2011）探讨了 Hawkins 的领域最小化理论对有效加工汉语关系从句的指导意义及潜在问题。蒋秀玲（2009）考察了中国学生是否有意识回避产出关系从句这一问题；蒋平、蔡慧（2009）探讨了中国学生英语关系从句的习得顺序及其认知启示；戴运财、朱庆、叶志雄（2010）对二语习得中英汉关系从句习得进行了对比研究。黄娟，宋松岩（2010）总结认为，虽然到目前为止对于影响关系从句习得难度的因素还没有统一的解释，但从已知研究来看，句法类型和词汇语义被认为是影响关系从句加工和习得难度的重要因素。关于句法类型因素，研究者主要从句法功能、视角转移、工作记忆和信息分布等角度提出理论假设，并进行相关验证。关于词汇语义因素，研究者主要从名词属性和类型来探讨语义因素对关系从句习得难度的影响。在英汉关系从句的互译方面，对英语关系从句的汉译研究成果丰硕。我们在中国知网中，仅以"英语定语从句的翻译"为主题进行查询就得到339 条搜索结果。由于篇幅所限，我们仅就这些成果中比较有新意的列举一二。贾德江（2003）就英语关系从句的定义、分类鉴别标准和语义逻辑功能，以及汉译技巧进行了新的探讨。认为传统的语法书对英语定语从句的概念描述和汉译处理方法，因过于注重结构形式而违背了语法属性，给英语关系从句的解读与翻译造成了一定的误导。提出汉译英语关系从句的方法有前置法/前移法、后置法/后移法、融合法/简化法和语义逻辑分析法。强调对英语关系从句的概念描述不宜只注重其形式而忽视其内容；有无逗号与先行项隔开并不是区别限制性与非限制性关系分句的唯一标准；应该从语义、逻辑或语用视角入手，研究探讨英语关系分句的解读与翻译方法。顿官刚（2005）从篇章的角度探讨了英语关系分句的翻译问题。提出建立英语关系分句翻译的篇章模式，旨在通过这一模式，结合例句的分析，逐渐找到翻译英语关系分句各种方法的使用条件。提出了"无标记译法"（unmarked translation）和"有标记的译法"（marked translation）。其中"无标记的译法"是指限制性关系从句由于主要是对所修饰的先行词起限制作用，所以一般可以采用"前置法"译为带"的"字的定语词组，置于先行词前；非限制性关系分句不对先行词起限制作用，而只是作一些补充说明，所以一般可以采用"后置法"译为一个分句或独立的句子。这种译法的特点是往往可以在句子层面进行操作，而不会受到篇章的限制。"有标记译法"主要包括：限制性关系从句翻译的"后置法"和非限制性关系从句翻译的"前置法"。这些学者对英语关系从句的汉译研究扩大了对关系从句进行翻译的研究深度。然而，其中依旧存在着一些问题。一是对英汉关系从句的研究比例不平衡。对英语关系从句的习得、教学和翻译策略探讨的研究远远多于对汉语关系从句的相关探讨。二是研究的内容多有重复。例如，对中国学生如何习得英语关系从句和如何翻译英语关系从句的探讨很多，但有新意的较少。特别是对英语关系从句的汉译进行探讨的很多，但大都只是列举几个有利于自己观点的例句进行佐证，鲜有学者对英汉双语语料进行大量的分析，通过对比英汉关系从句的异同后再系统地探讨翻译技巧。这些问题的存在不利于对外汉语教学和翻译教学的深入开展。

以上我们较为详细地总结了英汉名词短语关系化的研究现状，并指出了其中存在的不足。就汉语关系化的研究来说，要解决这些存在的问题，首先应该根据汉语的特点，从语义和语用功能出发对汉语名词短语的关系化进行严格的界定。其次，承认汉语关系从句的复杂性，在进行研究时，可以将其区分为"狭义的关系从句"和"广义的关系从句"分别研究。我们认为，所谓狭义的关系从句，就是指被关系化的中心语在从句中占有一个句法位置，并且关系从句前置于中心语。而广义的关系从句，除了包括前置关系从句外，还包括后置关系从句。只要起到定语功能，对中心语进行修饰的关系从句都可以归属于广义的关系从句。这样划分的好处在于明确限定了研究的范围，可以使研究结果更为客观。第三，注重语言类型学与对比语言学的相结合，从而可以更为深入细致地剖析汉语关系从句的特点。尤其要注重结合类型学的不同研究成果对汉语关系从句进行深入研究。本研究力图在这些方面做出一些尝试。

1.2 主要研究内容与研究意义

1.2.1 主要研究内容

20 世纪中后期以来，越来越多的学者从类型学的视野对关系化现象进行描述和总结，归纳出一些语言中普遍存在的共性。其中最为著名的是 Keenan & Comrie（1977）提出的"名词短语可及性等级序列"（Noun Phrase Accessibility Hierarchy），Croft（2000：108）将其称为第一个引起广泛关注的基于语言类型事实的语法关系等级理论。也因此引发了对关系化进行研究的一个高潮。对英语名词短语关系化的研究已取得很多成果，但对于有定名词短语与无定名词短语作为中心语的研究深度还不够，对于有定名词短语和无定名词短语充当中心语时其后的关系代词的异同探讨的还不是很多。由于汉语缺少显著的形态标记和汉语语法中从句概念的长期缺乏，使得汉语关系从句的研究存在更多亟待解决的问题。学者们对于汉语关系从句的句法生成过程、关系从句的功能体现以及关系策略的选择，甚至对关系从句的称谓、界定等都未达成共识。因此，非常有必要进一步借助于英语关系从句的研究成果来审视汉语的关系从句，通过对比英汉关系化的异同，更好地深入研究汉语关系从句的特点。本文拟以类型学为视角，运用对比功能分析的理论研究框架，结合语法判断和自建的英汉双语原始语料库与英汉互译平行语料库，对比分析英汉名词短语关系化的异同，以期进一步充实和完善对名词短语关系化的研究内容和研究方法。具体内容包括：

1.将语言类型学的主要研究成果与理论解释与对比语言学进行研究的理论框架有机结合在一起，依托自建的小型的英汉小说语料库中的实例，对比分析英汉关系化策略、英汉关系从句的句法生成和语用功能的异同。对英汉关系从句中存在的争论焦点进行逐一验证。建立小型英汉双语平行语料库，进一步通过翻译实例验证得出的结论。

2.由于汉语关系从句的限定性与非限定性之别的鉴定标准比英语关系从句复杂，句法与语义的匹配有一定的条件限制。因此，我们通过对语料的分析，尝试建立一个汉语关系从句功能差异的连续统。

3.利用英汉关系从句互译实例检验汉语关系从句的争论焦点。并探讨英汉关系从句的翻译策略。

1.2.2 研究意义

1.方法论上的意义。以类型学为视角，利用语言类型学研究成果及理论解释，结合对比功能分析的研究方法，以英汉关系从句的主要争论焦点为假设，对其进行验证，得出新的可证伪的假设及其成立的条件，是较为科学的研究方法；从句法、语义和语用三个方面对关系从句进行研究，得出了较为可信的结论，是较为全面的研究方法。

2.语料选择上的新意。改变以往对关系化的研究只对原始语料进行考察的传统，增加了对英汉互译双语平行语料库的考察，为了将译者的主观因素对译作产生的影响减少到最小，本文采用了英汉小说各自对应的三个不同的译本。对英汉源语文本与翻译文本进行两方面的对比分析，保证了结论的相对客观性，对于今后研究相关课题的语料选择有一定的借鉴价值。

3.研究内容上的价值。通过研究被前人时贤忽略的无定名词短语关系化的研究，进一步扩大和充实关系从句的研究内容。并尝试建立汉语关系从句功能的一个连续统。

4.有一定的实用价值。为英汉语关系从句的互译提供可借鉴的翻译策略和翻译教学指导。

1.3 语料选择与处理

正如 James（2005：175）曾提出的那样，从语义和语用层面上来定义的翻译对等是语言对比可以采用的最好的对比基础（Tertium Comparationis，简称 TC）。Stieg Johansson（2007：35）认为大多数对比语言学家都会明确地或者是隐含地利用翻译作为进行跨语言对比的一种手段。选择语料库的原则应以研究的目的为准，总结归纳了适用于不同研究目的的三种不同的语料库：

1）包括源语文本与翻译文本的平行语料库（适用于对比研究与翻译研究）

2）根据文章的语体与时间等标准进行匹配的源语文本的平行语料库（适用于对比研究）

3）包括单一语言的源语文本与翻译文本的语料库（适用于翻译研究）

Stieg Johansson（2007：35－40）认为双向平行语料库可以成为综合对比的理想平台，它所提供的双向对比有助于研究者深入了解两种语言的异同。我们认为，对英汉关系化现象进行对比研究，最为可行的办法就是借助于对翻译语料的剖析。于是，我们选择了美国作家 Jack London 的成名作 *Martin Eden* 和我国著名作家老舍先生的《骆驼祥子》的小说作为我们对比分析的语料。这两部作品主题相似，都是描述个人奋斗者的悲剧，并且主人公悲剧产生的根源较为相似。此外，小说均以主人公的名字命名。为了将译者的主观因素对译作的影响减少到最小，我们分别采用了两部小说各自对应的三个不同的翻译文本。我们选择《骆驼祥子》的三个对应译本是 Jean James 于 1979 年在夏威夷出版发行的译本 *Rickshaw Boy*；施晓菁于 1981 年由外文出版社出版的译本 *Camel Xiangzi* 以及 Howard Goldblatt 于 2010 年由美国 HarperCollins 出版的 *Rickshaw Boy*。*Martin Eden* 的译本众多，我们根据翻译版本的受欢迎程度以及出版社的权威度，选择了以下三个译本：1981 由上海译文出版社出版的吴劳翻译的《马丁·伊登》；1996 年由人民文学出版社出版的殷惟本翻译的《马丁·伊登》以及 1998 由译林出版社出版的孙法理翻译的《马丁·伊甸》。

此外，我们还选择了另外两部汉英小说及其各自的三个对应译本进行比较。英国著名作家 Thomas Hardy 的小说 *Tess of The D'urbervilles* 和我国著名作家沈从文的代表作《边城》。这两位作家是中英两国"乡土文学"的典型代表人物。擅长描写乡村美景，都以自己的故土为原型创造了一系列优秀作品。哈代的"威塞克斯"系列作品以及沈从文的"湘西世界"系列作品都享誉世界。其中，哈代笔下的苔丝和沈从文笔下的翠翠，都是纯真、美丽、善良的乡村女孩，可都遭遇了人生的不幸。两位女主人公悲剧的根源除了各自所遭受的人为因素外，更多相似的地方是源于不为人事左右的"天意"。我们选择《边城》的三个对应译本分别是杨宪益、戴乃迭合译的于 1987 年出版的 *The Border Town*；金隄和佩斯（Ching Ti & Robert Payne）1982 年翻译出版 *The Frontier City* 以及美国汉学家金介甫（KinkJey，Jeffrey C）于 2009 年翻译出版的 *Border Town*。我们选择 *Tess of The D'urbervilles* 的三个对应译本分别是：由张谷若翻译的 2013 年人民文学出版社发行的第 2 版《德伯家的苔丝——一个纯洁的女人》；由孙致礼，唐慧心合译，北京燕山出版社 2011 年发行的第 5 版《苔丝》以及王忠祥，聂珍钊合译的，由长江文艺出版社 2013 年发行的第 2 版《德伯家的苔丝》。由于我们主要考察的是汉语名词短语关系化的特点，于是我们还提取了两部当代汉语短篇小说中出现的关系从句。一部是著名作家莫言写的《师傅越来越幽默》，另一部是著名女作家池莉写的《烦恼人生》。汉语原始小说语料的字数合计约 20 万字左右。

我们以纯手工统计的方式从中穷尽式地提取出英汉小说原始语料库（不是翻译文本语料库）中所包含的关系从句。提取的关系从句的具体数目为：《骆驼祥子》中共提取出符合我们界定标准的关系从句 463 句。为了更好地进行英汉对比，我们在 *Martin Eden* 中按顺序提取了前面十五章中的 463 个关系从句。《边城》中共有 275 个关系从句，因此我们在 *Tess of The D'urbervilles* 中也按顺序提取了前面十四章的 275 个关系分句。此外，还有《师傅越来越幽默》中的 186 个关系从句，以及《烦恼人生》中的 120 个关系从句。汉语关系从句实例共计为 1044 个句子，英语关系从句为 738 个句子。

由于我们选择的语料是书面的文本，因此将小说语料中出现的对话部分排除在我们的研究范围之外。Elizabeth Hogbin & Jae Jung Song

（2007：211）在研究英语名词短语的关系化时将对话排除在研究范围之外，原因一是对话作为一种说话者对特定的听众展开的活动，对话中出现的第二人称代词必将比叙事文本中出现的要多。二是对话中会增加出现指示词的数量。因为在面对面的对话中，说话者与听话者享有共同的背景信息，往往会用其他方式来辨识不同的所指而不是明确说出该物体的名称，比如会用到指示词这些，那些等。三是书面叙事文本中的对话通常被视作是真实会话的代表，因而会出现一些在其他叙事时不被接受的特点。比如说话者可能会无意识地重复句子中的某个成分，说一些不完整的句子，省略特定的动词或名词短语，或者为了满足会话的需求而改变典型的语序等。我们认同这两位学者的观点，因此在提取关系从句时，将中英小说语料中出现的对话全部排除在我们的选择之外。

1.4 研究方法与理论框架

该文进行研究的主要方法是文献搜集、定量与定性研究相结合、语料分析与语法判断相结合。具体采用了对比功能分析的理论框架。

Chesterman（1998）认为对跨语言进行对比研究目的是提出和检验可以证伪的假设，在此认识之上，他提出了一个系统的、专门用于语言对比研究的对比功能分析模式。这一对比分析模式的特点是从察觉到的两种或多种语言可表达的相似意义出发，致力于确定这种相似的意义在不同的语言中是如何表达的，不同表达方式的句法、语义、语用使用条件是什么，在什么条件下会优先选用哪种形式，等等。因此，这种对比分析是一种以语义为基础的对比研究，主要分析的是语言中的聚合关系（paradigmatic relations）而非组合关系（syntagmatic relations）。着重探讨语言使用者在表达意义时语言所能提供的各种选择。整个对比功能分析过程是一个不断深入的假设验证过程，具有显明的可证伪性。提出和验证可以证伪的假设，这正是对比功能分析的理论意义之所在，因为这一目的与一般科学研究的目的是一致的，符合总的科学发展的原理（许余龙，2005：12-13）。

对比功能模式的分析步骤具体如下（Chesterman，1998：55-61）：

1 原始语料的收集；

2 对比的标准和相似的制约条件;

3 问题的提出和初始假设;

4 检验假设;

5 修正假设。这一过程又可能产生新的假设。

我们将利用这一对比分析的理论框架对英汉名词短语的关系化的异同进行深入细致地分析、验证和修正。

此外,本研究同时将类型学的研究成果与理论解释与对比语言学研究相结合。其理据在于,首先,语言类型学研究成果可以为我们提供一套可供对比研究的语言学问题;其次,语言类型学研究成果可以为语言对比研究提供一个扎实的研究基础和基本分析框架。最后,语言类型学对语言类型差异的解释,可以为我们解释两种语言之间的差异提供方法和方向上的启示。另一方面,深入细致的双语对比研究反过来又能促进语言类型学研究向精细化方向发展,并可以直接检验语言类型学对语言类型差异所作的分类和概括是否符合所对比语言的实际情况,检验语言类型学所作出的解释是否适用于所对比语言(许余龙,2010:2)。

1.5 文章结构

第一章为文献综述和对本研究的内容、方法和意义的简单陈述。第二章对英汉名词短语和关系化进行界定,提出本文的研究范围。第三章从类型学视角探讨英汉关系化策略的异同。第四章探讨英汉关系从句句法生成的差异。第五章以英汉小说语料中的实例为基本,探讨英汉关系从句的篇章分布特征。第六章探讨英汉关系从句形式与功能的异同。第七章以英汉小说互译为语料,进一步验证前面章节得出的结论,同时,探讨英汉关系从句的互译策略。第八章为结论。陈述本文的研究成果,存在的不足,以及今后的研究方向。

第二章 英汉名词短语以及关系化的界定

2.1 英汉名词短语的界定和分类

名词短语的指称和界定问题，一直是学界关注的焦点之一。Quirk（1985）认为，在英语中，名词短语通常充当句子的主语、宾语和补语，以及介词短语的补语。出于语法和语义上的考虑，有必要将名词看作是可分为若干小类的词。他将英语中的最重要的名词类别区分如下：

名词分为普通名词和专有名词，普通名词又可进一步分为可数名词和不可数名词。可数名词又可分为具体名词（如 pig）和抽象名词（如 difficulty）；不可数名词又可以分为具体名词（如 butter）和抽象名词（如 music）。

陈存军（1998）认为定指性和指称性是英语名词短语的两个内在语义特征，与名词短语的形态特征没有直接的对应关系。限定名词短语也可能会表现为无定，而非限定名词短语有时也可以是有定语的，在一定语境中二者可以相互转换。但是，在英语中，一般把带有定冠词（the）和指示限定代词（this、that、these、those）以及专有名词、人称代词等称为有定名词短语；把带有不定冠词（a 或 an）和泛指代词（some、any 等）或数词的名词短语称为无定名词短语。此外还有零冠词的名词短语。在后面章节中我们还要仔细探讨英汉有定名词与无定名词短语的特点，因此这里只简单地将英语的名词短语归纳为三类：有定名词短语，包括人称代词、专有名词、指示限定代词（this、that、these、those），以及带有定冠词（the）或指示限定代词等名词短语；无定名词短语，包括带有不定冠词（a 或 an）、泛指代词（some、any 等）或数量词的名词短语；以及零冠词的名词短语，即光杆名词。

由于汉语缺乏显性的形态标记，学者们对汉语名词短语的讨论大多以其语义功能为出发点。陈平（1987：81 - 92）区分了有指（referential）与无指（nonreferential）；定指（identifiable）与不定指（nonidentifiable）；实指（specific）与虚指（nonspecific）；通指（generic）与单指（individual）四组概念，提出这四组概念的作用是描写名词性成分的所指对象同实际语境中存在的事物之间的关系。

石毓智（2003：40）从类型学和认知语言学角度，详细考察了汉语普通话以及历史和方言的材料，认为"数"是人类语言的重要语法范畴之一，主要表现在名词的单复数上。从类型学的角度看，名词单复数的表达又可以细分为两类：一是受制于有定性语法范畴，只有有定性的名词才具有单复数的语法标记，无定名词则缺乏这种标记。二是单复数的表达独立，不论是有定名词还是无定名词，都具有单复数的语法标记，印欧语言大都属于这一类。

何元建（2000：48）认为有指（光杆）名词在结构上是一个零限定词短语，而无指（光杆）名词在结构上是一个名词短语。有指量词短语和"的"字结构，也都是零限定词短语。认为这种分析可以才句法结构的角度在一定程度上解释汉语名词的句法分布。

王广成（2007）探讨了汉语无定名词短语的语义特征：指称和量化。深入研究了无定名词短语在句法和语义方面的不同表现及其对应关系。

卢鑫莹（2012：31）认为所有的光杆名词都是有指称的。从认知语法情境植入理论的角度来看，话语中的光杆名词可分为两类，一类是已植入情境的（grounded），另一类是未植入情境的（ungrounded）。已植入情境的光杆名词在话语中的所指就是其类型所对应的例示域中凸显的例示，未植入情境的光杆名词凸显一个类型的概念。

刘顺（2004）认为现代汉语名词性成分的无指可以分为不指和非指，不指是名词性成分在话语中体现为所指对象的内涵意义，主要分布在判断句和关系句的宾语位置、名词谓语句的谓语位置、准领属关系的中心语以及属性领属关系的定语位置上。非指是名词性成分在话语中既不实指，也不体现为所指对象的内涵属性，它的出现大都是句法结构的需要，主要分布在重动句中重复动词的宾语位置、准领属关系的中心语位置和带有复合词性质的动宾短语的宾语位置上。不指和非指的表现形式大都为光杆名词。

刘丹青，唐正大（2012：30）认为，名词短语在现代语法描写中即指名词性的结构，既包括以名词为核心、句法表现相当于名词的短语，也包括并不以名词为核心、句法表现相当于名的结构，如汉语的"的"字短语，还可以包括由单个名词或名词性代词构成的单位。

学者们普遍认可，作为语义范畴的有定性概念，在任何语言中都是普遍存在的，只不过在有些语言中有定性有专门的、明确的形式标记，如英语中就由冠词 the/a 加在名词前作为区别有定和无定的标志。而在另外的一些语言中则没有这种标记，有定/无定性范畴的表达需借助于多种语法手段。就汉语来说，汉语的指示词"这"、"那"已开始具有了作为纯定指标记的倾向。樊长荣（2007：1）在对有定性制约因素的观察中，发现汉英词汇的有定性大同小异：专有名词、人称代词、指示代词等为［＋有定］，数量短语为［－有定］，光杆名词［±有定］；显著差异在英语有作为语法标记的冠词而汉语没有。汉语没有冠词，但也可以通过指示代词"这、那""这些、那些"和数量词来区分有定和无定名词短语。陈平（1987）将汉语中含有名词性成份的语句表现形式分为七组。A 组人称代词；B 组专有名词；C 组"这/那"＋（量词）＋名词；D 组光杆普通名词（bare noun）；E 组数词＋（量词）＋名词；F 组"一"＋（量词）＋名词；G 组量词＋名词。认为头三组格式一般表现定指（即有定）成分，后两组一般只用来表现不定指（即无定）成分。石毓智（2002：29）认为人称代词、指示代词和专有名词本身已有"有定"的特征，不论在什么位置都是表示有定的，无须结构赋予。

综合这些学者的观点，我们将汉语名词短语粗略归纳为三种类型：有定名词短语，包括人称代词、专有名词、或由指示代词"这/那"＋数词（量词）＋名词（光杆名词）；无定名词短语，包括数词＋（量词）＋光杆普通名词以及光杆名词。

2.2 关系化与关系从句的界定

关系化概念的提出主要是针对印欧语系。《现代语言学词典》（2000：304）将关系化（Relativization）定义为："语法描写用来指一类代词，可以在名词短语内引入一个后修饰小句，进而指引入的整个小句……在经典的转换语法中，形成一个关系小句构式的变化过程称作关系小句化。"可以看出，这是完全以英语语法为参照概念进行的界定。然而，类型学家发现，人类语言中普遍存在关系化现象，可以说是语言的共性之一。关系从句作为名词短语关系化后的结果，在不同的语言中有不同的呈现方式。

Keenan & Comrie（1977）提出的"名词短语可及性等级序列"（Noun Phrase Accessibility Hierarchy）：SU > DO > IO > OBL > GEN > OCOMP 将关系化的研究推向了高潮。认为语言中普遍存在的现象是处于最左边位置的句法成分可及性最高，从而最容易被关系化而形成关系从句；最右边的位置可及性最低，因此最难被关系化形成关系从句。Keenan&Comrie（2009：138 - 163）区别了英语中的限定性关系从句与非限定性关系从句，认为尽管两者有相似的句法结构，但两者在语义与语用功能上存在很大差异。限制性关系从句增加了核心名词所表示概念的内涵，使其核心名词所指对象的潜在范围缩小；非限定性关系从句是在所指对象已经被确认的前提下增加新信息，不缩小所指对象的潜在范围。他们对不同语言进行考察后发现，在所考察的大多数语言中，要么限定性与非限定性关系从句在形式上没有区别，要么只是在中心名词后的关系从句上有语调上的区别。因此，他们从语义入手来定义关系从句，排除了无定名词短语和非限定性关系从句。他们所界定的关系从句（a relative clause）包含一个中心语（head）和一个限定从句（a restricting clause）。中心语本身有一个特定的潜在所指范围，限定从句用一个命题来限制该范围，并且该命题必须符合整体结构的实际所指对象。认为在跨语言中存在两种最为广泛的关系从句类型，名词前类型，如土耳其语。名词后类型，比如英语。还有另外一种，中心名词位于关系从句之内，如班巴拉语。

Givón（1979：147）直接采用的是 Keenan & Comrie（1975）对限定性关系从句的定义。他对限定性关系从句与非限定性关系从句也进行了区别，认为限定性关系从句的功能是限制、缩小中心语的范围以此来确定其指称（specific reference identity）。限定性关系从句通常具有潜在的对比性（contrastive）。非限定性关系从句提供一些信息，对中心语事物名词习惯已知（habitually known）的属性进行描述，通常不具有对比性。Avery D. Andrews（1975：206）认为关系从句是一个从属小句，通过确认关系小句中所描述的名词所指而限制该名词短语的所指范围。与 Keenan & Comrie 从语义入手研究关系分句不同，Andrews 更关注的是成分之间的结构和关系从句的形成规则。但相似的是，他也将非限定性关系分句排除在研究范围之外，原因与很多其他学者的观点一样，认为有些语言中没有非限定性关系从句。学者 Kuno（1973：235）就明确提出，在日语中，同样的结构既可以表达限定性，也可表达非限定性关系从句的功能。Croft（2000：147）认为，关系从句可以被概括成为一个修饰指称对象（名词结构）的命题（从句或是带有修饰成分的动词形式），而且该指称对象在命题中充当一个语法成分。Hendery（2012：8）从几乎纯功能角度定义关系从句，认为关系从句应该含有下列三个特征：1）含有动词（不一定必须是限定动词）；2）关系从句与其他从句以某种方式相互联系；3）关系从句通过描写名词短语确认所指角色而限定名词短语的所指。可以看出，以上学者都认为限定性关系从句的功能是缩小核心名词所指对象的范围，而非限定性关系分句不具有这一功能。

国内学者对关系化和关系从句也做出了不同的界定。刘丹青（2005：194）认为所谓关系从句，就是从句所修饰的中心名词在从句中也有一个句法位置，包括主语、宾语等，可能是空位，也可能有代词复指。并非所有作定语的从句都是关系从句。假如被从句修饰的中心词在从句中没有同指的空位或代词，便不是关系从句。文旭、刘润清（2006：111-117）认为汉语可以把一个句子内嵌在一个名词短语中作中心语的限定语或修饰语，这种过程通常称为"关系化"（relativization），而关系化的产物即被内嵌的句子则称为"关系小句"（relative clause）或"形容词性小句"（adjectival clause）。他们认为汉语关系从句的重要功能是与表示时间、处所、条件、方式、工具、伴随情况的名词构成一个时间、处所、条件等从句，由于这些词所表示的语义都是动词语义搭配中的非论元成分，因此，每一个动词都可以与之搭配，很少有什么限制。王远国（2011：74）认为关系化是一个小句（clause）如何变成它自身的一个名词性成分的关系从句的过程。被关系化的名词性成分（Relativized Nominal）变成核心名词（Head Noun），它因语言不同，或左向移出小句之外，或右向移出小句之外，或还在小句之中；小句剩余部分变成关系从句。归纳一下这些学者的观点，我们可以总结出关系从句的基本特点：充当被关系化的名词的修饰语；关系从句与被关系化的名词短语之间的位置因语言的差异会有不同（置于名词前、名词后、嵌于名词短语中）；被关系化的名词成分要在从句中充当一个论元。

2.3　本书对关系化和关系从句的界定及研究范围

结合类型学家和国内学者对关系化和关系从句的界定，根据汉语自身的特点，考虑英汉对比的可行性，我们认为，关系化是对名词进行句法操作的一种手段，可以将一个句子中的名词成分提取出来作为被修饰或者限定的核心，小句的其余部分做这个核心名词成分的修饰语，从句所修饰的中心名词在从句中有一个句法位置，如主语、宾语、旁语（表示时间、地点、工具等的名词充当的介词宾语）。

崔应贤（2002：177）认为，就定语的语义类型来讲，通常有限定、修饰和同指这么三种。同一性定语主要是指定语与中心语在语义内容上所指相同。如"夫妻吵架的小事"，前面的定语"夫妻吵架"与后面的"小事"之间在意义上是一致的，最明显的形式标志就是可以转换成同位短语。相应地，如果定语从句与所修饰的核心名词语义上同指，我们也将其认为是同位语从句而非关系从句。正如刘丹青（2005：194）指出的那样，如"我们去旅游的计划"，"计划"在从句中没有同指的空位或代词，其从句便不构成关系从句。事实上"我们去旅游"这类从句属于同一性定语，"我们去旅游"整体就是这个"计划"，"计划"也就是"我们去旅游"，因此"计划"无法在从句中充当一个成分，倒是定语和中心语由于所指同一，可以从定中关系变为同位语关系，如"我们去旅游这个计划"。刘丹青同时认为，并非所有作定语的从句都是关系从句。假如被从句修饰的中心词在从句中没有同指的空位或代词，便不是关系从句。我们将刘丹青定义的关系从句称为"狭义的关系从句"。我们认为，汉语中的关系从句还应包括被从句修饰的中心词在从句中没有同指的空位或代词的定语从句，即杨彩梅（2008：23）所提及的所谓"典型汉语关系结构"。如"消防队来得很及时的那场大火"中，被修饰的中心语"那场大火"在从句中没有同指的空位或代词；又如在我们的语料《边城》中出现的句子"感到节日临近的喜悦"，"喜悦"在从句中也没有同指的空位或代词。我们将包括了这一类被修饰的名词短语在从句中找不到同指的空位或代词的关系从句，以及"无头关系从句（Headless-noun Relative Clause）"（如："那经验十足而没什么力气的却另有一种方法"句中的中心名词由于上下文中显示明确而空缺）统称为"广义的关系从句"。

　　由于本研究主要是通过英汉对比展开进行，为了与英语有更大的对应性和可比性，我们仅研究"狭义的关系从句"，即只研究被修饰的中心语在从句中有同指的空位或代词的关系从句。同时，我们排除以单个的形容词作谓语的从句，尽管在汉语中有许多状态形容词可以充当句子的谓语，但如学者崔应贤（2002：184）所言，形容词作定语仍是它的最主要的句法功能特征。此外，刘丹青（2005：202）也曾提出在调查汉语及其方言的关系从句时，形容词作定语的情况比较简单，虽然有理由看作关系从句，但调查时可以不必放在关系从句部分处理。重点可调查由动词短语做关系小句的情况。而主谓齐全的小句作关系从句（如：年纪很轻的学者、态度凶狠的门卫）是汉语的特点，同汉语的话题结构或所谓"主谓谓语句"有关，值得在调查研究中重视。因此，我们将研究的关系从句限定在以动词（动词短语）作谓语或有完整主谓结构的从句之中。如：

例 2 - 1.

　　　　专等t坐快车的主儿；（《骆驼祥子》）（注："t"表示中心语留下的语迹）

例 2 - 2.

　　　　在茶馆里，像他那么体面的车夫，在飞跑过一气以后，讲究喝t十个子儿一包的茶叶。（《骆驼祥子》）

　　我们采纳陈宗利（2009：155）对汉语关系结构的认定：所谓"关系结构"指的是包含关系从句（简称"从句"）的名词性成分，可以仅由从句与中心语构成，还可以包含数（量）词与限定词等成分。就关系结构的基本情况来看，英汉语都是由一个名词和一个修饰该名词的关系从句构成，不过英语中关系从句在中心名词之后，汉语关系从句普遍在中心名词之前。由于汉语中的有定与无定，特别是限定性与非限定性较难区别，因此在考察英语的关系从句时，本文将扩大 Keenan&Comrie 和 An-drews 对于关系从句的定义，将其向无定名词短语和非限定性关系从句这两个方向扩充，并将旁语（OBL）扩大到所有的介词宾语，即研究英语所有的关系分句（包括 when 和 where 引导的关系从句）。这样在进行英汉对比研究时，可以有更大的对应性。

2.4 小结

本章首先简要区分了本研究涉及的英汉名词短语的类别。在前人研究的基础上，我们将英汉名词短语为三类。第一类为有定名词短语。英语中指人称代词、专有名词、指示限定代词（this、that、these、those），以及带有定冠词（the）或指示限定代词等名词短语；汉语中指人称代词、专有名词、指示代词，或由"这/那" +（量词） + 名词（光杆名词）。第二类为无定名词短语。英语中指带有不定冠词（a 或 an）、泛指代词（some、any 等）或数量词的名词短语；汉语中指数词 +（量词） + 光杆普通名词。第三类为光杆名词。此外，在这一章中我们还简单介绍了不同学者对关系化和关系从句的界定，在此基础上划分了"狭义的关系从句"与"广义的关系从句"，明确了我们对关系化的定义以及所研究的关系从句的类型。为了使英汉对比有更大的对应性，我们将研究英语的所有关系从句，包括限定性关系从句与非限定性关系从句。汉语中我们要研究的"狭义的关系从句"，指的是被修饰的中心语在从句中要有同指的空位或代词的关系从句。同时，排除了以单个的形容词作谓语的关系从句，将研究的关系从句限定在以动词（动词短语）作谓语或有完整主谓结构的从句之中。

第三章 英汉名词短语关系化的策略异同

3.1 类型学家们提出的不同关系化策略

Keenan & Comrie（2009：142 - 153）认为从表层来看，可以用以下两个标准来区分不同语言中的关系化策略：1）中心词与限定从句的位置是前置、后置或是内置；2）限定从句的中心词的成分是有格（+ case）还是无格（- case）。Keenan & Comrie 以中心语在内嵌关系从句中担任的角色为参项，归纳了跨语言中进行关系化句法操作的四种不同策略：

1）非缩略型（non-reduction），指的是中心名词以完整的、未缩略的形式出现在内嵌从句之中，出现在正常的位置，并且/或者带有正常的格标记来表达一个名词短语在从句中要表达的特定功能；

2）代词保留型（pronoun-retention），指的是中心名词以代词的形式保留在内嵌小句里；

3）关系代词型（relative-pronoun），是指在关系从句内也有一个代词用来代表中心名词，但该代词并不处于它通常所处的位置。因为从线性词序来说，这个代词是为了表达语法关系的，因此会将其移到小句句首的位置（偶尔前面还会出现一个成分，如前置词）；

4）空位型（gap）指的是对关系从句的中心名词所充当的角色不作任何明显标识。

Keenan & Comrie 将英语的关系化类型学特征描述如下（1977：76）：

关系化策略	可关系化句法位置					
	SU	DO	IO	OBL	GEN	OCOMP
1. 后置，无格	+	+	-	-	-	-

2. 后置，有格	－	－	＋	＋	＋	＋

汉语（北京话口语）的关系化类型学特征如下：

关系化策略	可关系化句法位置					
	SU	DO	IO	OBL	GEN	OCOMP
1. 前置，无格	＋	＋	－	－	－	－
2. 前置，有格	－	＋	＋	＋	＋	＋

另一位著名的类型学家 Givón（1975：146 – 152）从语义格和语用功能角度提出了跨语言中的八种不同关系化策略：

1）非缩略策略（the nonreduction strategy）。这一策略有两个相关联的特征。一是限定从句的中立模式保持不变，因此不存在可恢复性的问题。二是从某种抽象意义来看，相对于主句来说，限定从句包括了"中心名词"，会出现在主题或者前置的位置，且在主句中与之互指的名词会被代词化（pronominalized）或者被删除（deleted）；

2）空位策略（the gap strategy）。指的是互指的名词在限定从句中没有留下任何删除后的痕迹；

3）语序策略（word-order strategies）。这是英语口语中被部分使用的一种策略。这种策略只用于对主语和直接宾语的关系化。并且，使用这种策略的语言，其句子的主语和直接宾语在动词前后的论元位置都是严格语法化了的；

4）名词化策略（the nominalization strategy）。指的是关系从句以名词化的形式出现。在从句中，动词常以一种名词化了的，非限定的形式出现；

5）回指代词策略（anaphoric pronoun strategy）。指的是回指代词代替了与之共指的名词以相应的格标记出现在限定从句中，通常出现在被删除的名词的句法位置上；

6）关系代词策略（relative pronoun strategy）。这是印欧语言中最常使用的策略。带有格标记的代词常处于将中心名词与限定从句联系起来的位置。关系代词发挥了双重功能，一是表明被删除的名词的格标记，二是将中心名词与内嵌小句分隔开来；

7）等格策略（the equi-case strategy）。这一策略指的是只能用主语关系从句来修饰主句中的主语，宾语关系从句来修饰主句中的宾语；这一策略显然极大地限制了从句的表达能力（expressive power），因此没有一种语言是仅仅依靠这种策略来进行关系化操作；

8）动词编码策略（the verb-coding strategy）。指的是被删除的名词的格标记词素在关系从句中会作为动词的一个词缀出现在动词之后，如英语中：

a. I worked with the boy

b. the boy I worked with

Givón 在探讨以上八种关系化策略时，明确提到英语关系化采用的策略有：语序策略，关系代词策略，动词编码策略。没有提到汉语关系化采用何种策略。Maxwell（1979：355 – 359）对 Givón 所提出的关系化策略进行过详细分析。这里不再赘述。

Andrews（1975：207）从句法排列结构观察到跨语言中关系从句存在的四个主要区别：

1）关系从句和中心语的结构关系（关系从句是否内嵌于中心语内）；

2）标识被关系化的名词短语的功能的方式（是否通过移动，尤其是否被标记，或是被省略）；

3）对被关系化名词短语的限制（是否只有主语，或者是核心论元才可以被关系化）；

4）处理关系从句的方式（是被缩略还是被名词化）。

可以看出，Andrews 更注重的是句法位置的差异。

Song Jae Jung（2008：212 – 222）根据中心名词和关系从句的位置将关系从句分为两类。外核心关系从句（external-headed RC）和内核心关系从句（internal headed RC）。前者指关系从句位于中心名词的外围（首尾位置），后者指中心名词位于关系从句的内部。另外还有一种关联式关系从句（correlative RC），其中心名词与关系从句只是松散地连接在一起，中心名词出现于从句之中，并以完全或者回指的形式在主句内重复出现。该学者认为非缩略型主要是出现在内核心关系从句中，因此在其研究中仅探讨了 Keenan&Comrie 提出的除非缩略型以外的三种关系化策略。认为省略策略（也称"空缺"策略）是指关系从句内未使用显性的标志来指明中心名词，多见于前置的关系从句；代词保留策略，指的是关系从句中保留了与中心名词同指的人称代词；关系代词策略，指的是用指示代词和/或疑问代词来表达中心名词在关系从句中的角色。Song 认为英语和汉语都使会使用到空位策略。汉语中，尤其关系化主语时，使用空位策略十分正常。而代词保留策略主要用于后置型外核心关系从句（postnominal external-headed RC）中。在前置型外核心关系从句（prenominal external-headed RC）中使用这种策略的只有汉语和韩语，在这两种语言中，它的使用有严格的限制。汉语关系化主语不会使用代词保留策略，关系化直接宾语时可以随意使用，而关系化其他语法成分时必须使用代词保留策略。韩语中只限定在关系从句的中心名词充当属格功能的时候使用代词保留策略。而且即使在这样的情况下，代词保留策略的使用还是要有足够的原因。

综合以上类型学家们的观点，我们大致可以看出类型学家所认可的英汉语关系化策略的异同。英语一般采用代词保留策略、关系代词策略和空位策略。汉语采用的是代词保留策略和空位策略。下面我们将结合我们的语料，以及学者们已有的研究成果，对英汉名词短语关系化策略的异同进行具体深入地分析。

3.2   英语关系化策略

3.2.1   英语关系从句的基本类型

英语关系从句的最显著特征是由关系代词/副词（包括零关系代词/副词）引导。因此我们下面描述语料中出现的英语关系从句的基本结构类型是以关系代词/副词的不同作为我们的参项：

1）使用关系代词 who：

例 3 - 1.

　　The one opened the door with a latch-key and went in, followed by *a young fellow who awkwardly removed his cap.* （*Martin Eden*）

例 3 - 2.

　　Her mother, who had just come down stairs, turned to greet her from the fireplace. （*Tess*）

2）使用关系代词 whom：

例 3 − 3.

He had met the woman at last − *the woman that he had thought little about*, *not being given to thinking about women*, *but whom he had expected*, in a remote way, he would sometime meet. (*Martin Eden*)

例 3 − 4.

Then these children of the open air, *whom even excess of alcohol could scarce injure permanently*, betook themselves to the field-path; (*Tess*)

3）使用关系代词 that：

例 3 − 5.

And to add confusion to confusion, there was *the servant*, *an unceasing menace*, *that appeared noiselessly at his shoulder*, *a dire Sphinx that propounded puzzles and conundrums demanding instantaneous solution.* (*Martin Eden*)

例 3 − 6.

The luminary was a golden-haired, beaming, mild-eyed, God-like creature, gazing down in the vigour and intentness of youth upon *an earth that was brimming with interest for him.* (*Tess*)

4）使用关系代词 which：

例 3 − 7.

He wore rough clothes that smacked of the sea, and he was manifestly out of place in *the spacious hall in which he found himself.* (*Martin Eden*)

例 3 − 8.

The renewed subject, *which seemed to have impregnated the whole family*, filled Tess with impatience. (*Tess*)

5）零关系代词（关系代词省略）：

例 3 − 9.

He saw the glance, but he gave no sign, for among *the things he had learned* was discipline. (*Martin Eden*)

例 3 − 10.

A hollow groan, unlike *anything she had ever heard in her life*, came from the front, followed by a shout of "Hoi there!" (*Tess*)

6）使用属格代词 whose：

例 3 - 11.

　　Jim was *a plumber's apprentice whose weak chin and hedonistic temperament*, coupled with a certain nervous stupidity, promised to take him nowhere in the race for bread and butter. (*Martin Eden*)

例 3 - 12.

　　He leant back against the hives, and with upturned face made observations on *the stars*, *whose cold pulses were beating amid the black hollows above*, in serene dissociation from these two wisps of human life. (*Tess*)

7）使用关系副词 when：

例 3 - 13.

　　They were so beautiful to him that he was impelled to save them to share with Ruth in some glorious, far-off *time when he would dare to read to her what he had written*. (*Martin Eden*)

例 3 - 14.

　　There had been *times when it was all he could do to refrain from reaching over and mopping Jim's face in the mush-plate*. (*Tess*)

8）使用关系副词 where：

例 3 - 15.

　　Her only experiences in such matters were of *the books*, *where the facts of ordinary day were translated by fancy into a fairy realm of unreality*；(*Martin Eden*)

例 3 - 16.

　　Stoke-d' Urberville took her back to the lawn and into *the tent*, *where he left her*, soon reappearing with a basket of light luncheon, which he put before her himself. (*Tess*)

3.2.2　关系代词策略

　　从上一节我们所列举的实例中英语关系从句呈现的基本情况来看，英语的关系化策略使用得最为明显的标记是关系代词策略和空位策略。

下面我们以语料中的实例为基础，结合前人的研究成果以及语法判断，对关系代词策略进一步考察。

我们认为，所谓关系代词策略，指的是名词短语被关系化后，中心语移出所在句子，以一个关系代词的形式出现在从句句首的关系化策略。在英语中，关系代词（除 that 外）同时也起到标记格的功能。关系代词在英语关系从句中扮演着重要角色。正如 Quirk（1985：1724 – 1728）所言，英语关系从句的明晰性部分有赖于关系代词表明关系的能力。英语中的关系代词具有以下功能：

1）表明与中心语的一致关系。中心语名词是名词短语中的先行部分，关系从句是这个部分的后置修饰语（外在关系）；

2）表明它在关系从句中的作用，或是作为从句结构中的一个成分，或是作为关系从句中一个成分的构成要素（内在关系）。

英语中的关系代词有：which，that，who，whom，whose。关系代词的选用具体取决于以下三个因素：

1）关系从句与它的中心语之间的关系：是限定性还是非限定性；

2）中心语的性的类别：是人称的性还是非人称的性；

3）关系代词的功能包括：充当主语、宾语、补语或是状语（包括充当介词补足语），或是充当关系从句中某一成分的一个构成因素。此外，另外的三个常用关系副词 where，when 和 why，它们只能用在副词空位的情况之下。

我们来看收集到的英语语料所呈现的情况。在 *Martin Eden* 中提取到的 463 个关系从句中，除了有 97 个关系从句使用了空位策略外，其余全部采用的是关系代词策略。使用关系代词策略的具体情况为：关系代词 that 出现了 183 次，which 出现了 81 次，who 出现了 65 次，whose 出现 6 次，whom 出现 3 次，where 出现 21 次，when 出现 7 次。

从 *Tess of The D'urbervilles* 中提取的 275 个关系从句中，除了 23 个关系从句使用了空位策略外，其余全部采用的是关系代词策略。具体为：which 出现了 114 次，who 出现了 47 次，that 出现了 39 次，whose 出现 13 次，whom 出现 11 次，where 出现 20 次，when 出现 8 次。因为上一节中我们已经列举了很多采用关系代词策略的实例，这里不再列举更多实例。

从 *Martin Eden* 和 *Tess of The D'urbervilles* 中关系从句呈现的特征来看，关系代词策略是英语关系化中使用最多的策略。汉语没有使用这一关系化策略。这是英汉关系化策略最显著的区别。

3.2.3　空位策略

顾名思义，这一策略指的是名词短语被关系化后，中心语移出所在从句后没有留下痕迹的关系化策略。

在从 *Martin Eden* 中提取到的 463 个关系从句中，出现了 97 个关系从句采用了空位策略，但是都是对直接宾语，表语和旁语的关系化，对直接宾语关系化出现了 88 次，旁语 8 次，表语 1 次。没有出现对主语和间接宾语以及比较宾语进行关系化的实例。从 *Tess of the D'urbervilles* 中提取的 275 个关系从句中，出现了 23 个关系从句使用了空位策略。具体为，对直接宾语关系化出现了 19 次，旁语 3 次，表语 1 次。可见在英语中，使用空位策略需要有更为严格的条件。一般来说，空位策略只能适用于宾语的关系化（包括直接宾语、间接宾语、介词宾语和比较宾语）。我们小说语料的实例如下：

例 3 – 17.

　　She had inherited the feature from her mother without *the quality it denoted.* (*Tess*)

此句关系化直接宾语。

例 3 – 18.

　　He was a civilized man, that was what he was, shoulder to shoulder, at dinner, with *people he had read about in books.* (*Martin Eden*)

此句关系化旁语。

英语中的空位策略其实包含了 Givón 所提及的语序策略以及动词编码策略，动词编码策略也就是对旁语的关系化。如：

例 3 – 19.

　　It came to him, in a flash of fancy, that her nature seemed taking on the attributes of stale vegetables, smelly soapsuds, and of *the greasy dimes, nickels, and quarters she took in over the counter of the store.* (*Martin Eden*)

例 3 - 20.

Then d'Urberville cursed and swore at her, and called her *everything he could think of for the trick.* (*Tess*)

英语之所以可以采用空位策略，是由于英语词类在句子中充当句法成分的功能比较固定，并且有显性的形态标记。如充当主语和宾语的一般是名词性的成分，而充当谓语的只能是动词。在一个句子中，即使出现了关系代词的空缺，但是通过对句法成分的分析，照样可以判断出该句子是否合乎语法规范。

3.2.4 代词保留策略（复指代词策略）

代词保留策略是指名词短语被关系化后，核心名词移出所在从句，但是仍以对应人称代词的形式保留在原来位置上。Comrie（2009：147）认为，这种现象常出现在非标准英语中（non-standard English），是一种边缘化现象。我们语料中没有出现使用这一策略的实例。

Keenan & Comrie（1977：76）认为英语在对不同句法成分进行关系化时，采用的有格和无格策略不同。在关系化主语和直接宾语时，可以采用无格策略；而关系化其他的句法，如间接宾语、旁语、比较宾语时，要采用有格策略。有格策略主要有两种方式，一种是通过限定小句关系代词的格标记来表示被关系化的名词的句法位置，如 whose 表达属格；另一种是通过限定小句中的复指代词表达被关系化的名词短语的句法位置。我们认同英语中关系化属格除了用 whose 外，还有一种"无格关系代词 + 复指代词"策略。如：

例 3 - 21.

The professor$_i$ that the student knows his$_i$ son is very popular.

我们将英语语料中总共提取的 738 关系从句所使用的关系化策略列表如下：

表 3 – 1   英语小说语料中 738 个关系从句所使用的关系化策略情况

关系化策略	被关系化句法位置	出现频次	百分比
that	SU	184	29%
	DO	29	
	PRE	1	
介词 + that	OBL	8	1%
which	SU	75	13.6%
	DO	25	
介词 + which	OBL	95	12.9%
who	SU	112	15.1%
whom	DO	5	0.7%
介词 + whom	OBL	9	1.2%
whose	GEN	19	2.6%
0	DO	107	14.8%
	Pre	2	
介词 + 0	OBL	11	1.5%
where	OBL	41	5.6%
when	OBL	15	2%
合计		738	100%

　　从上表中可以看出，单独使用 that，which，whom 和空位 0 时，可以被视为无格关系代词，而单独使用 whose 和使用 where，when 是有格关系代词。此外，上表中的"介词 + 关系代词"表明了被关系化的名词的句法位置，因此是有格标记。

　　由此，如果我们用 Andrews（1975）的观点来分析英语关系化的特点，可以看出，英语的关系从句内嵌于中心语之中；被关系化的名词短语有时有格标记；英语中可以关系化句子中任何句法的名词短语；英语的关系从句可以通过缩略的方式出现，如用现在分词 – ing 或者过去分词 – ed 的形式出现。

3.3 汉语的关系化策略

3.3.1 汉语关系从句的基本类型

首先我们对语料中出现的汉语关系从句的结构类型做一个简单的描述。我们语料里出现的汉语关系从句的结构主要有以下几种类型：

1）动词（动词性词组）如：

例 3-22.

　　这些人，生命最鲜壮的时期已经卖掉，现在再把窝窝头变成 t 的血汗滴在马路上。（《骆驼祥子》）

例 3-23.

　　渡船头竖了一枝小小竹竿，挂着一个 t 可以活动的铁环，溪岸两端水槽牵了一段废缆。（《边城》）

2）动宾结构

例 3-24.

　　祥子想爬下去吻一吻那个灰臭的地，可爱的地，t 生长洋钱的地！（《骆驼祥子》）

例 3-25.

　　再过一会，对河那两只长船已泊到对河小溪里去不见了，t 看龙船的人也差不多全散了。（《边城》）

3）动补结构

例 3-26.

　　他只管拉上买卖，不管别的，像一只 t 饿疯的野兽。（《骆驼祥子》）

例 3-27.

　　翠翠对祖父那一点儿埋怨，等到把船拉过了溪，一到了家中，看明白了 t 醉倒的另一个老人后，就完事了。（《边城》）

4）主谓结构

例 3-28.

　　遇上 t 交际多，t 饭局多的主儿，平均一月有上十来个饭局，他就可以白落两三块的车饭钱。（《骆驼祥子》）

例 3 - 29.

  在茶馆里，像他那么体面的车夫，在飞跑过一气以后，讲究喝 $\underline{:}$ 十个子儿一包的茶叶，(《骆驼祥子》)

  5）主谓宾结构

例 3 - 30.

  晚间无事的时候，他钉坑儿看着这个 t 只会吃钱而不愿吐出来的瓦朋友，低声的劝告：(《骆驼祥子》)

例 3 - 31.

  代替了天，使他在日头升起时，感到生活的力量，当日头落下时，又不至于思量与日头同时死去的，是那个 t 伴在他身旁的女孩子。(《边城》)

3.3.2　空位策略

  如果我们对以上的汉语实例进行仔细分析，就会发现以上汉语的例句全部采用了空位策略。正如学者许余龙（2012：651）所言，空位策略是汉语中的基本关系化策略。就我们的语料中所呈现的情况来看，中心语与关系从句内的空缺同指的现象最为常见。在《骆驼祥子》中提取出的463个关系从句，无论是关系化主语、宾语、旁语，或者是主语领属语，无一例外全部采用了空位策略。从《边城》中提取的275个关系从句以及从《师傅越来越幽默》提取出的186个关系从句和从《烦恼人生》里提取出的120个关系从句的情况也同样如此。

  《骆驼祥子》中的例句：

例 3 - 32.

  拉出车来，在固定的"车口"或宅门一放，专等 e_i 坐快车的主儿$_i$；(SU)（注：e_i 表示该空位置与中心语同标）

例 3 - 33.

  一切都交给天了，白得来 e_i 的骆驼$_i$ 是不能放手的！(DO)

例 3 - 34.

  杨宅的甜水有人送，洗衣裳 e_i 的苦水$_i$ 归车夫去挑。(OBL)

例 3 - 35.

  二十来的岁，他已经很大很高，虽然肢体还没被年月铸成一定的格局，可是已经像个成人了——一个 e_i 脸上身上都带出天真淘气的样子的大人_i。（GEN）

《边城》中的例句：

例 3 - 36.

　　管理这渡船的，就是e_i住在塔下的那个老人_i。（SU）

例 3 - 37.

　　管船人却情不过，也为了心安起见，便把这些钱托人到茶峒去买茶叶和草烟，将茶峒出产 e_i 的上等草烟_i，一扎一扎挂在自己腰带边，过渡的谁需要这东西必慷慨奉赠。（DO）

例 3 - 38.

　　花衣庄则有白棉纱、大布、棉花以及 e_i 包头的黑绉绸_i 出卖。（OBL）

例 3 - 39.

　　翠翠睨着e_i腰背微驼的祖父_i，不说什么话。（GEN）

《师傅越来越幽默》中的例句：

例 3 - 40.

　　离国家规定的退休年龄还差一个月的时候，e_i在市农机修造厂工作了四十三年的丁十口_i下了岗。（SU）

例 3 - 41.

　　早晨，他像往常一样骑着那辆六十年代生产 e_i 的大国防牌自行车_i去上班。（DO）

例 3 - 42.

　　一个乡下人骑着像生铁疙瘩一样的载重自行车，拖着e_i烤地瓜的汽油桶_i，热气腾腾地横穿马路，连豪华轿车也不得不给他让道。（OBL）

例 3 - 43.

　　她低着头，从围裙前的小兜里摸出一个 e_i 边沿磨得发了白的黑革小钱包_i，轻轻地放在桌子上，用一种很不负责的口吻说：（GEN）

《烦恼人生》中的例句：

例 3 - 44.

　　雷雷见e_i拿油条的人_i不少，就把冲锋枪放在自己站的位置上，

转身去排油条队。（SU）

例 3 - 45.

印家厚的头嗡嗡直响，声音越变越大，平庸枯燥的家庭生活场
面旋转着，把那平日忘却 e_i 的烦恼琐事_i一一飘浮在眼前。（DO）

例 3 - 46.

一块盖楼房用e_i的预制板大小的钢锭_i到他们厂来，十分钟便被
轧成纸片薄的钢片。（OBL）

3.3.3　代词保留策略

代词保留策略是指名词短语被关系化后，核心名词移出所在从句，
但是仍以对应人称代词的形式保留在原来位置上。在我们的语料中，无
论英语关系从句，还是汉语关系从句，都没有出现采用代词保留策略的
关系从句。但是，我们在上文已经提到，Keenan&Comrie 和 Song Jae Jung
都提到了汉语的关系化会使用代词保留策略。此外，一些中国学者也探
讨过汉语关系化使用这一策略的规则。杨彩梅（2012：354 - 356）通过
分析汉语关系从句中空缺和接应代词的分布规律，认为空缺和接应代词
的分布与谓词是否"本身合法"息息相关。不管宾语位置是空缺还是接
应代词，谓词都"本身合法"，所以空缺和接应代词可任选一个。不过，
省力原则会让我们倾向于选择空缺。杨彩梅认为兼语动词的宾语位置，
被动动词的宾语位置，双宾结构的间接宾语位置，介词宾语位置，重叠
动词的宾语位置只有出现接应代词，谓词才"本身合法"，所以必须要出
现接应代词。此外，文旭、刘润清（2006：116）也指出，当"把"或介
词后的句子成分被话题化时，原位置上必须要有一个具有共指关系的代
名词，这一限制条件同样适合关系化了的句子成分。如：

例 3 - 47.

我把它_i还给了图书馆的那本书_i。

熊仲儒（2006：31）认为，比较英汉关系化从句后，发现汉语在间
接宾语与旁语的关系化上一定要用代词复指。

何元建（2007：103 - 110）认为，关系从句不出现语法位置空缺，
而出现回指代词（resumptive pronoun，何文中将其称为填位代词）的情况
有以下几种：

1）被修饰的名词逻辑上是关系从句中的间接宾语；

2）被修饰的名词逻辑上是关系从句中的动词宾语；

3）被修饰的名词逻辑上是关系从句中的介词宾语；

4）被修饰的名词逻辑上是关系从句中的小句主语；

5）被修饰的名词逻辑上是关系从句中紧跟"把、被、使、得"等词项的题元成分；

6）被修饰的名词逻辑上是关系从句中作状语的连动式中的题元成分。

何元建进一步指出，如果不是关系从句自身的主语、宾语或者状语，就不可以空缺。

总结这些学者们的观点，我们发现其中存在的共同点。这些学者普遍认可汉语的主语关系化通常采用空位策略，直接宾语的关系化有时会用到代词保留策略，其他语法成分的关系化必须使用代词保留策略。但是分歧依然存在。主要体现在领属语的关系化策略之上。Keenan&Comrie认为所有关系化了的领属成分在关系从句中都要保留一个代词，但文旭、刘润清（2006：116）认为在汉语中，当领属者关系化时，原位置上并不需要代词。如对"那个女孩的头发很长"进行关系化后：

例3－48a.

　　头发很长的那个女孩。

例3－48b.

　　她的头发很长的那个女孩。

文旭、刘润清认为保留了代词后的句子（3－48b）不合乎语法。然而，我们从语感上来判断，保留了代词后的句子（48b）并非不合乎语法。只是去掉代词后的句子（48a）读起来更通顺，更符合汉语的语感。

蒋仁萍（2007：360）认为文旭、刘润清（2006）之所以会得出这样的结论是因为他们所列举的例子是非典型的关系从句，是主谓结构。这种结构只有两个名词NP，一个作领属语兼作中心语NP，语义不会发生混淆，因此代词在语义距离可以恢复的前提下可以删略。在典型的关系化结构中，代词保留是关系从句提取领属格的策略。蒋仁萍列举了下面的例子：

例 3 – 49.

　　小狗叼走了那个人的手表。

被关系化后：

例 3 – 50.

　　小狗叼走了他的手表的那个人。

　　蒋认为，该句如果删除代词会造成不合法的句子。理由是，该句中一共有三个名词 NP，除被关系化的 NP 外，还有两个，如果没有代词作标记告诉我们它应该在哪个名词前的空位上，关系化的领属语"那个人"语义上可以任意恢复到"小狗"或"手表"前，语义上会发生混淆。蒋文的解释有一定的道理，但并没有解释清楚汉语在关系化领属者时，采取空位策略与代词保留策略之间的根本区别。

　　对这一现象为何会出现不同的阐释，我们认为这与领属关系本身的复杂性有很大关系。张敏（2008：317）提出，所谓领属关系其实是一个边界模糊、不易定义的庞杂的语义类，一般上，领有关系如"我的书"，隶属关系及整体 – 部分关系如"孩子的手｜松树的叶子"，归属关系如"飞机的速度"，某些时间 – 空间如"今天的报纸｜院子的外边"等都被归入领属关系。在这些形形色色的关系中，领有关系是较为原型的领属关系。我们认同张敏在参照 Seilor（1983）的定义后作出的对最原型的领属语义关系的描述：

　　领有者（p_1）为有生物，通常是人，更为原型的是第一人称的自我（ego）；

　　被领有者（p_2）是可感知的、看得见的具体事物；

　　p_1 是主动的，p_2 是被动的，这体现在：

　　c1）p_2 受到 p_1 的支配和控制；

　　c2）领有关系是独占的，不与他人共有，一个特定的 p_1 可以有多个所属物，可从一类事物中挑出来一个来建立领有关系，而一个特定的 p_2 一般只有一个特定的领有者。

　　张豫峰（2006：120 – 122）认为：

　　　　领属结构中的领属关系属于语法的语义平面。语法中的语义，通常反映着人们对客观世界的主观认识，也就是反映着人们的认知框架；所以它跟客观事物和主观思维均有密切的联系。在汉语里，语义上的领属关系，既可表现为动核结构，也可表现为名核结构。比如以"我"和"眼睛"的领属关系为例，领属关系的动核结构是以"有"为动核，以"我"和"眼睛"为动元组成，映射到句法平面就形成"有"字句的句法结构："我有眼睛"；领属关系的名核结构是以"眼睛"为名核，以"我"为名元组成，映射到句法平面就形成句法结构："我的眼睛"。

在我们的英文语料中，总共出现了 18 个对领属语进行关系化的从句，全部采用了关系代词 whose。我们知道 whose 所修饰和指代的中心名词既可以是人，也可以是物，既可以用于限定性关系从句，也可以用于非限定性关系从句，而且根据语境的需要，whose 前还可以出现语义需要的介词。我们语料中出现的实例如下：

例 3 - 51.

He could successfully put himself inside other men's minds, but they had to be *men whose ways of life he knew.* (*Martin Eden*)

例 3 - 52.

It is *a vale whose acquaintance is best made by viewing it from the summits of the hills that surround it* – except perhaps during the droughts of summer. (*Tess*)

例 3 - 53.

She had the mobile face frequent in *those whose sight has decayed by stages*, has been laboriously striven after, and reluctantly let go, rather than the stagnant mien apparent in persons long sightless or born blind. (*Tess*)

例 3 - 54.

Meanwhile the muslined form of Tess could be seen standing still, undecided, beside *this turnout, whose owner was talking to her.* (*Tess*)

例 3 - 55.

But let the elder be passed over here for *those under whose bodices the life throbbed quick and warm.* (*Tess*)

例 3 - 56.

"You shall catch it for this, my gentleman, when you get home!" burst in female accents from the human heap-those of the unhappy partner of *the man whose clumsiness had caused the mishap*; (Tess)

此外，学者们普遍认可还有另外一种我们的语料中没有出现的英语领属语关系化的策略："无格关系代词 + 复指代词"策略。如例（3 - 57）与（3 - 58）：

例 3 - 57.

The teacher$_i$ that his$_i$ son knows the superstar; (GEN$_{SUJ}$，复指代词)

例 3 - 58.

The teacher$_i$ that the superstar knows his$_i$ son. (GEN$_{OBJ}$，复指代词)

不管是采用属格关系代词"whose"还是"无格关系代词 + 复指代词"策略，英语中关系化主语属格语与宾语属格语之间是没有任何差别的。汉语领属语的关系化是否也和英语一样，我们接着分析。

汉语小说语料中没有出现对宾语属格语进行关系化的例句，全部是对主语属格语进行关系化的例句。我们将语料中出现的实例分为两种，一种是对主语的不可让渡的属格语的关系化，另一种是对主语的可让渡的属格语的关系化，都采用了空位策略。对主语的不可让渡的属格语的关系化有以下实例：

例 3 - 59.

二十来的岁，他已经很大很高，虽然肢体还没被年月铸成一定的格局，可是已经像个成人了——一个 e$_i$ 脸上身上都带出天真淘气的样子的大人$_i$。（《骆驼祥子》，GEN$_{SUJ}$）

例 3 - 60.

墙上全是一颗颗的红点，飞旋着，跳动着，中间有一块更大的，红的，e$_i$ 脸上发着丑笑的虎妞$_i$！（同上）

例 3 - 61.

脚下穿的是一双 e$_i$ 尖头新油过的钉鞋$_i$，上面沾污了些黄泥。（《边城》，GEN$_{SUJ}$）

例3-62.

　　为了这塔成就并不是给谁一个人的好处，应尽每个人来积德造福，尽每个人皆有捐钱的机会，因此在渡船上也放了个 e_i 两头有节的大竹筒_i，中部锯了一口，尽过渡人自由把钱投进去，竹筒满了马兵就捎进城中首事人处去，另外又带了个竹筒回来。（同上）

例3-63.

　　他带来了一条蛇皮袋子，还有一根 e_i 顶端带铁尖的木棍_i。（《师傅越来越幽默》，GEN_{SUJ}）

例3-64.

　　人工湖畔静寂无声，只有一个 e_i 脖子上糊着纱布的男人_i 在围着湖不停地转圈子，（同上）

例3-65.

　　她低着头，从围裙前的小兜里摸出一个 e_i 边沿磨得发了白的黑革小钱包_i，轻轻地放在桌子上，用一种很不负责的口吻说：（同上）

例3-66.

　　男人从衣兜里捞出一张 e_i 面额五十的钞票_i，递到他的手上。（同上）

例3-67.

　　表弟的手电光芒忽而射向林梢，忽而射向坟墓，弄得他脚步踉跄，犹如一匹 e_i 眼色不济的老马_i。（同上）

　　卜列实例是对主语的可让渡的属格语的关系化，也都采用了空位策略，如：

例3-68.

　　连 e_i 衣冠不整的副厂长_i 也开着他的白色切诺基走了。（《师傅越来越幽默》，GEN_{SUJ}）

例3-69.

　　这个徒弟脾气不好，他想，但却是个 e_i 技术高超的钳工_i。（同上）

　　如果对汉语句子中的宾语属格语进行关系化，会是怎样的情况？学者许余龙（2012）对汉语宾语领属语的关系化策略做出了合理解释。许

（2012）注意到了英汉领属语关系化的差异，将汉语关系化领属者在关系从句中的句法位置做出了区分，详尽地探讨了汉语关系化主语属格语与宾语属格语之间的不对称现象，认为主语属格语一般都可以用空位策略关系化，而宾语属格语则都不可以，需要用复指代词。

如："张三的"在下面的两个句子中分别充当 GEN_{SUJ} 和 GEN_{OBJ}：

张三的车借给了李四。

李四借了张三的车。

对以上两个句子中的主语属格语与宾语属格语进行关系化操作后得到下列句子：

例 3 - 70a.

　　　　Φ_i/他$_i$（的）车借给了李四的那个人$_i$。（GEN_{SUJ}）

例 3 - 70b.

　　　　*李四借了$_i$车的那个人$_i$。（GEN_{OBJ}）

例 3 - 70c.

　　　　李四借了他$_i$（的）车的那个人$_i$。（GEN_{OBJ}）

例（3 - 70b）不合乎语法。由此可见，无论是表达不可让渡的还是可让渡的领属关系，也无论汉语的 GEN 中含不含有"的"字，GEN_{SUJ} 一般都可以用空位策略关系化，而 GEN_{OBJ} 则都不可以，都需要复指代词（许余龙，2012：654）。

这一观点能很好地解释前面提到的例句（3 - 48a）、（3 - 48b）、（3 - 49）和（3 - 50）。例句（3 - 48a）"头发很长的那个女孩"和例句（3 - 48b）"她的头发很长的那个女孩"是对原句"那个女孩的头发很长"的主语属格语进行关系化，采用空位策略更符合汉语的习惯。当然，采用了复指代词同样也可接受。而蒋仁萍提到的例句（3 - 49）"小狗叼走了那个人的手表"被关系化后变为（3 - 50）"小狗叼走了他的手表的那个人"只能采用复指策略，是因为被关系化的成分是原句的宾语属格语。

此外我们发现，以上的规则可以进一步进行修改。我们首先自拟两句表达不可让渡的领属关系的句子：

例 3 - 71.

　　　　祥子的眼睛很明亮。

例 3 - 72.

　　我看见祥子的眼睛很明亮。

　　"祥子的"在上面两个句子中分别充当 GEN_{SUJ} 和 GEN_{OBJ}。对（3 - 71）关系化后我们可以得到下面两个合法的句子：

　　采用空位策略的：

例 3 - 71（a）.

　　Φ_i 眼睛很明亮的祥子$_i$。（GEN_{SUJ}）

　　和采用复指代词策略的：

例 3 - 71（b）.

　　他$_i$（的）眼睛很明亮的祥子$_i$。（GEN_{SUJ}）

　　对（3 - 72）关系化后，我们得到下面的句子：

　　采用空位策略：

例 3 - 72（a）.

　　我看见 Φ_i 眼睛很明亮的祥子$_i$。（GEN_{OBJ}）

　　采用复指代词策略：

例 3 - 72（b）.

　　我看见他$_i$（的）眼睛很明亮的祥子$_i$。（GEN_{OBJ}）

　　这两个句子同样都可以接受，而且采用空位策略的例句比采用复指策略的例句的可接受程度更高。

　　以上我们自拟的例句是对不可让渡的属格语进行关系化。下面我们再来看对可让渡的属格语进行关系化操作。我们同样自拟两个例句：

例 3 - 73.

　　祥子的车子被擦得锃亮。

例 3 - 74.

　　虎妞喜欢祥子的车子被擦得锃亮。

　　"祥子的"在上面两个句子中分别充当 GEN_{SUJ} 和 GEN_{OBJ}。句子（3 - 73）采用空位策略关系化后：

例 3 - 73（a）.

　　Φ_i 车子被擦得锃亮的祥子$_i$。（GEN_{SUJ}）

　　采用复指代词策略：

例 3 - 73 (b).

　　他$_i$（的）车子被擦得锃亮的祥子$_i$。（GEN$_{SUJ}$）

关系化后的两个例句都是可接受的。

句子（3 - 74）采用空位策略关系化后：

例 3 - 74 (a).

　　虎妞喜欢 Φ$_i$ 车子被擦得锃亮的祥子$_i$。（GEN$_{OBJ}$）

采用复指代词策略：

例 3 - 74 (b).

　　虎妞喜欢他$_i$（的）车子被擦得锃亮的祥子$_i$。（GEN$_{OBJ}$）

同样，这两个句子都可以接受，而且采用空位策略的句子比采用复指策略的句子的可接受程度似乎更高。

通过对例（3 - 71）至（3 - 74）的分析可以看出，无论是表达不可让渡的还是可让渡的领属关系，GEN$_{SUJ}$一般都可以用空位策略关系化，也可以用复指代词策略，GEN$_{OBJ}$同样如此。这一观点与许余龙（2012）得出的观点有一定差异，许认为主语属格语一般都可以用空位策略关系化，而宾语属格语则都不可以，需要用复指代词。如果我们对例（3 - 72）与例（3 - 74）进一步进行分析，就会发现充当宾语属格语的成分在句子中还有补语成分，因此，这也是为何对其进行关系化时可以采用空位策略的原因。

以上考察的有定名词属格语的关系化情况。下面我们来看无定名词短语属格语的关系化情况。首先考察对充当主语属格语的无定名词短语进行关系化的情况。

例 3 - 75.

　　一个女生的漫画书被老师没收了。

采用空位策略：

例 3 - 75 (a).

　　一个 Φ$_i$ 漫画书被老师没收了的女生$_i$。（GEN$_{SUJ}$）

采用复指代词策略：

例 3 - 75 (b).

　　一个她$_i$（的）漫画书被老师没收了的女生$_i$。（GEN$_{SUJ}$）

以上被关系化后的例句都可以接受，而且采用空位策略的关系从句的可接受度更高。

下面考察对充当宾语属格语的无定名词短语进行关系化的情况。如对下例（3-76）进行关系化：

例3-76.

老师没收了一个女生的漫画书。

采用空位策略：

例3-76（a）.

＊老师没收了 Φ_i 漫画书的一个女生$_i$。（GEN$_{OBJ}$）

采用复指代词策略：

例3-76（b）.

老师没收了她$_i$（的）漫画书的一个女生$_i$。（GEN$_{OBJ}$）

例3-76（a）不符合语法。可见，在对充当主语的属格语关系化时，可以采用空位和复指策略；而对充当宾语的属格语进行关系化时，只能使用复指策略，不能使用空位策略。

下面继续分析无定名词短语的不可让渡的属格语的关系化情况。如："一个女生的"在下面的两个句子中分别充当 GEN$_{SUJ}$ 和 GEN$_{OBJ}$：

例3-77.

一个女生的眼睛红了。

例3-78.

他盯着看一个女生的眼睛。

对这两个 GEN 进行关系化操作后得到：

例3-77（a）.

Φ_i 眼睛红了的一个女生$_i$。（GEN$_{SUJ}$）

例3-77（b）.

她$_i$（的）眼睛红了的一个女生$_i$。（GEN$_{SUJ}$）

以及：

例3-78（a）.

＊他盯着看 Φ_i 眼睛的一个女生$_i$。（GEN$_{OBJ}$）

例3-78（b）.

他盯着看她$_i$（的）眼睛的一个女生$_i$。（GEN$_{OBJ}$）

　　从以上的例句分析中可以看出，无定名词短语充当属格语时，无论是表达不可让渡的还是可让渡的领属关系，GEN_{SUJ}一般都可以用空位策略关系化，也可以用复指代词策略，而 GEN_{OBJ} 则都需要采用复指代词策略。但是，与有定名词短语充当宾语属格语时一样，如果充当宾语属格语的无定名词短语在句中还有补语，那么 GEN_{OBJ} 可以使用空位策略，也可以使用复指策略。如下例：

例 3 - 79.

　　他看见一个女生的眼睛红了。

例 3 - 79 (a).

　　他看见 Φ_i 眼睛红了的一个女生$_i$。（GEN_{OBJ}）

例 3 - 79 (b).

　　他看见她$_i$（的）眼睛红了的一个女生$_i$。（GEN_{OBJ}）

　　我们来反观英语中被关系化的名词为专有名词的属格语的情况。我们发现，在英语中，被关系化的名词为专有名词的属格语与普通名词的属格语没有区别。下面两个例句都是合乎语法的：

例 3 - 80.

　　Mary whose eyes are beautiful is popular.

例 3 - 81.

　　I love Mary whose eyes are beautiful.

　　由此我们可以得出本小节的结论：在关系化属格语的时候，无论被关系化的是普通名词还是专有名词，英语中关系化主语属格语与宾语属格语之间是没有任何差别的。而汉语关系化属格语有一定差别。无论被关系化的是有定名词还是无定名词属格语，无论是表达不可让渡的还是可让渡的领属关系，也无论汉语的 GEN 中含不含有"的"字，GEN_{SUJ} 一般都可以用空位策略关系化，也可以用复指策略。而 GEN_{OBJ} 则都不可以用空位策略关系化，需要复指代词。但是，如果被关系化的宾语属格语在句子中还有补语成分，那么，无论被关系化的是有定名词还是无定名词，无论是表达不可让渡的还是可让渡的领属关系，无论是关系化 GEN_{SUJ} 还是 GEN_{OBJ}，都可以用空位策略和复指策略，而且使用空位策略更为常见。

　　我们将汉语语料中总共 738 关系从句所使用的关系化策略列表如下：

表 3 - 2　　汉语小说语料中 738 个关系从句所使用的关系化策略情况

关系化策略	被关系化句法位置	出现频次	百分比
空位策略	SU	510	69.1%
	DO	158	21.4%
	OBL	63	8.5%
	GEN$_{SUJ}$	7	1%
合计		738	100%

用 Andrew 的观点来考察汉语，我们认为，汉语关系从句外置于中心名词；被关系化的名词短语在充当属格宾语或者是宾语时，要有复指代词的标识。被关系化的名词短语如果是主语和宾语时，不需要标识；一般来说，汉语可以关系化处在任何一个句法位置的名词短语；汉语的关系从句可以被名词化。

综上所述，英汉关系策略的相同之处体现在：英汉语都采用空位策略和代词保留策略。只不过空位策略在汉语中较为常见，而英语采用空位策略有着更为严格的限制。汉语的主语一般不需要用代词保留策略，英语的代词保留策略被视为出现在口语或非标准英语中。英汉关系策略的相异之处在于：英语最常见的关系化策略是关系代词策略，而汉语则不能使用关系化策略。另一个明显的差异是，英语关系化属格语的关系代词没有区别，而汉语有区别。

3.4　小结

本章通过介绍、归纳和总结不同学者对关系策略的划分和界定，结合我们的语料与语法判断，以类型学家的观点为主要参照，详细探讨了英汉关系策略的异同。英汉语中都使用空位策略的现象，不同的地方在于，英语使用空位策略时有较为严格的限制，即除了在口语中会出现对主语关系化使用该策略外，在标准英语中，使用空位策略需要有更为严格的条件。空位策略只能适用于宾语的关系化（包括直接宾语、间接宾语、介词宾语和比较宾语）。汉语中的空位策略则主要出现在对主语的关系化。英语中最常使用，最典型的关系化策略是关系代词策略，汉语中没有使用这一策略。此外，虽然英汉语都使用了代词保留策略，但英语中的代词保留现象已经是一种边缘化的现象，仅出现在非标准英语中。而汉语，除了对主语和直接宾语进行关系化操作可以不需要使用到代词保留策略外，其他语法成分的关系化都需要采用代词保留策略。另一明显区别是英语和汉语在关系化属格语时表现出了极大的不同，英语无论是对主语属格语还是对宾语属格语进行关系化，都使用关系代词 whose。而汉语对主语属格语和宾语属格语进行关系化时呈现出不对称现象：无论被关系化的是有定名词还是无定名词属格语，无论是表达不可让渡的还是可让渡的领属关系，也无论汉语的 GEN 中含不含有"的"字，GEN_{SUJ}一般都可以用空位策略关系化，也可以用复指策略。而 GEN_{OBJ}则都不可以用空位策略关系化，需要复指代词。但是，如果被关系化的宾语属格语在句子中还有补语成分，那么无论被关系化的是有定名词还是无定名词，无论是表达不可让渡的还是可让渡的领属关系，无论是关系化 GEN_{SUJ}还是 GEN_{OBJ}，都可以用空位策略和复指策略，而且使用空位策略更为常见。

第四章 英汉关系从句句法生成的异同

该章内容主要考察英汉关系从句的生成机制。首先简要介绍前人的观点，对其进行评述。然后提出我们认为目前较为合理的观点，对其逐一阐述。

4.1 英语关系从句的句法生成

4.1.1 文献梳理

文献中与关系从句相关的句法研究，主要是对英语关系从句的研究。目前为止，学者们对英语关系从句的句法生成主要有两种不同的观点：匹配分析法（the Matching Analysis）和提升分析法（the Promotion Analysis）。

由 Chomsky（1977）提出的匹配分析法认为，关系化结构和比较结构一样，都是由 Wh – 移动推导形成。关系从句为附加结构，关系从句的中心词在基础生成，算子移动至关系从句的 CP 指示语位置，中心词不允许再造。关系代词通过一致关系与中心名词保持一致，中心名词基础生成于所处位置，即中心名词不需要移动。持匹配分析的学者们（Chomsky 1977, Safir 1986）认为，从句都具有 CP 结构，标示语（Spec CP）位置上的关系算子（relative operator）移往靠近中心名词的地方，即关系从句 CP 的边缘，并与中心词保持一致的关系。由于没有中心词的移动，中心词不会出现再造（reconstruction）现象。关系从句 CP 附加在中心词上。中心词在前（head-initial）的语言（如英语），关系从句 CP 向右移动附加在中心词上，中心词在后（head-final）的语言（如汉语），关系从句向左移动附加在中心词上，从而产生不同的中心词指向结构。

　　提升分析法的倡导者 Schachter（1973），Vergnaud（1974）等则认为关系从句的中心词处于从句内部的某一位置，中心词从关系从句中提升出来。这种分析方法在 Kayne（1994）关于语序和短语结构的非对称理论被确立之后得到了进一步的肯定。按照提升分析法的观点，关系结构都是限定词短语 DP，中心词 NP 基础生成于从句 CP 内部。中心词 NP 从 IP 中移动出来，进入（Spec CP），经过一次或几次提升而出现在限定词 D 之后的位置，整个从句作为 DP 的补足语结构（Complementation）。中心词允许再造。Kayne（1994：91）认为，关系从句的提升分析是目前最自然的分析方法，Wh - 关系从句和 that 关系从句都有成分移动至 CP 的指示语位置，成为 D（= the）的平行成分（sister），that 从句中的移动者为 NP，Wh - 从句中的移动者为 [wh-NP]，[wh-NP] 中的 NP 经过进一步移动，形成 [NP$_i$ [wh-e$_i$]]。（转引自戴曼纯，2004：70 - 71）

　　Chen（2005）认为尽管这两种分析法都有一些明显的优点，但同时也有一些难以克服的缺点，因而都不是最优的分析。Chen 认为，按照中心语名词在从句中的作用，可将从句分为"论元从句"和"嫁接成分从句"两种，中心语在论元从句中充当主语或宾语，而在嫁接成分从句中则充当嫁接成分。分别如（4-1）和（4-2）所示：

例 4 - 1 (a, b).

　　　　a. the book that you bought　　　b. the man that came here yesterday

例 4 - 2 (a, b).

　　　　a. the reason why he was absent　　b. the way that he repaired the tire

　　可以看出，对英语关系从句的句法生成虽然存在分歧，但是普遍的共识是英语关系从句是句法移位的结果。

　　此外，尽管文献普遍认为英语的限定性关系从句和非限定性关系从句在句法上存在区别，但对两者之间的区别仍然存在一些争议。杨彩梅（2011：815）将这些分歧做出了如下概括：一类认为显性句法中就有 RRC-NRC 的区别，隐性句法中继续此区别；这一观点的代表学者诸如 Jackendoff（1977），McCawley（1982），de Vries（2006）等。这些学者认为在显性句法中，RRC 处于限定词（determiner）的辖域内，而 NRC 不在限定词的辖域内。NRC 的句法位置高于 RRC。另一类则认为显性句法中无此区别，但在隐性句法中有此区别。这一观点的代表学者诸如 Kayne

(1994)，Bianchi（1999），Del Gobbo（2003）等。这些学者认为，在显性句法中没有 RRC-NRC 的区别，所有关系从句都处于限定词的辖域内；但是在隐性句法中有 RRC-NRC 的区别。RRC 处于限定词的辖域内，而 NRC 不在限定词的辖域内。

荷兰学者 Mark De Vries 在其博士论文 "The Syntax of Relativization"（《关系化的句法》）一书中，从类型学角度考察了 172 种语言，认为除了分裂句和外置型关系从句外自然语言中大约存在 4608 种关系结构。作者通过对不同语言的考察和对文献的梳理，认为关系结构具有以下三个基本属性：

1）关系从句居于从属的位置；

2）关系从句通过枢轴（pivot）成分与更高的语法单位相连接；

3）枢轴成分在关系从句中被赋予的语义和句法角色与它在更高语法单位所赋予的角色不一定相同。

作者认为，从语言类型学的角度来看，尽管各语言对关系结构的表征方式（representation）各不相同，但是都会普遍存在着这样一条语链（link），即被关系化的名词短语与关系从句中的某一名词性成分空缺同标共指所形成的语链。从语义来划分，关系从句可分为限定性关系从句（restrictive），非限定性关系从句（appositive）和程度关系从句（degree appositive）。从句法来划分，关系从句分为三种主要类型：前置于中心语（prenominal）、后置于中心语（postnominal）和内置于中心语（circumnominal），以及另外三种较为特殊的类型：自由关系从句（free relative）、分词关系从句（participal）和相关联关系从句（correlative）。

Vries（2002：118 - 134）基于类型学的考察视角和前人的研究成果，以后置关系从句为出发点，为提升理论制定了以下五个定理（theorem）：

1）所有的关系代词都带有［+ wh］特征；

2）所有后置关系从句结构都经历 Wh - 移位；

3）关系代词都携带 ø - 特征；

4）名词性论元成分属 DP，其中 D 选择 NP，关系代词也属于限定词；

5）FF（形式特征）须在"标示词 - 中心语"配置中或者是在中心语合并结构中得到核查。其中，强特征（具有语音/词汇形式）须进行显性核查；弱特征（无语音形式）可以进行隐性核查。

4.1.2   英语关系从句的句法生成——移位与提升

在前面一节较为详细地梳理了英语关系从句生成的各种观点，由于对英语关系从句句法生成的研究文献已经非常深入，这里仅就我们认同的观点进行简单说明。综合学者们对关系从句的研究来看，我们认为，无论是对于英语关系从句的句法生成，还是对于汉语关系从句的句法生成，比较有说服力的当属 Vries（2002）提出的提升理论（promotion theory）。Vries 将提升分析法（raising analysis）与限定－补足语假说（D-complement hypothesis）有机地结合起来，认为关系结构是通过提升中心名词与合并（remerge）结构成分而成。关系从句为限定语 D 的补足语。关系从句中某一名词性成分受某一高阶成分的激发而提升到关系从句之外，从而与限定语再次合并。Vries 是基于类型学的考察进行的讨论，因此无论是否是形态丰富的语言，都可以用以下的范式来考察：

$$[_{DP}[_{D}FF(N)+D]_{NP}[PF(N)]]$$

其中，DP 与 D 分别指限定语及其中心语，FF（formal features）指形式特征，NP 和 N 分别指名词短语及其中心词，PF（phonological features）指音系特征。如果 D 的形式特征很强，如有语音和词汇形式，那么会有 N 到 D 的显性移动（Overt movement）；如果 D 的形式特征很弱，如没有语音形式，那么就会有 N 到 D 的融合（incorporation）。作者此举在于解决关系代词（relative pronoun）或关系小品词（relative particle）在结构中的归宿问题（赵志国，2012：82）。

Vries（2002：128）通过对多种语言的考察，得出了关系从句句法生成的不同方式。英语，是典型的从句后置的类型，具体的构成形式为：

$$[_{DP}[_{D}FF(N)+D][_{CP}[_{DP\text{-}rel}\ [_{NP}N](D_{rel})t_{np}]_{dp\text{-}rel}(C)[_{IP}\cdots t_{dp\text{-}rel}\cdots]]]$$

如上所示，限定词和中心语加粗体，关系从句有下划线。"FF（N）+D"表示中心语的形式特征 FF 并入 D 中以待特征核查。英语的关系从句的句法生成是通过算子/空算子移位和中心名词的提升共同作用操作生成。

　　Vries 认为，从句法来看，限定性关系从句（RRC）与非限定性关系从句（ARC）有以下显著的相似性。一是 RRC 和 ARC 所在的结构中都有身兼两职的枢轴成分（在从句和主句中都充当一定的句法成分），二是无论是在 RRC 中，还是在 ARC 中，关系代词的使用都受到一定的约束。两者的相异性要大于相似性。另外，从表征来看，限定性关系从句（RRC）与非限定性关系从句（ARC）有很大不同，在 RRC 结构中，中心语与 RRC 须处于同一节点之下。但在 ARC 结构中，ARC 须处于更高的位置。

　　由于对 Vries 的观点，有学者如刘礼进（2010）和赵志国（2012）均有十分详尽的接受，尤其是对于英语关系从句的句法生成，都做出了仔细的阐释，故这里不再举例进行推导，也不再对其观点进行赘述。

　　本文作者认同 Vries 的观点，英语关系从句的句法生成是通过算子/空算子移位和中心名词的提升共同作用操作生成。当然，Vries 在分析英语限定性关系从句与非限定性关系从句的差异之时，提出的某些观点并不与我们的语料相符合，比如 Vries 认为非限定性关系从句（ARC）可以修饰表唯一性的名词，但限定性关系从句（RRC）不能修饰表唯一性的名词。我们语料中呈现的实例显示，RRC 也可以修饰表示唯一性的名词。如：

例 4 - 3.

　　The placid poise of twenty-four years without a single love affair did not fit her with a keen perception of her own feelings, and *she who had never warmed to actual love was unaware that she was warming now.*

例 4 - 4.

　　The men of literature were the world's giants, and he conceived them to be far finer than *the Mr. Butlers who earned thirty thousand a year and could be Supreme Court justices if they wanted to.*

　　例（4 - 3）中的关系从句修饰指别度很高的人称代词"she"，而例（4 - 4）中的关系从句修饰人名"Mr. Butlers"。

　　但是，Vries 总体对英语关系从句句法生成过程的推导是较为合理的。

4.2 汉语关系从句的句法生成

4.2.1 文献梳理

学者们对汉语关系从句的句法操作分析采取的是对英语关系从句的分析方法。从目前所收集到的文献来看，对汉语关系化的句法操作进行深入探讨的学者并不多。其中比较有影响的是 Ning（1993），Del Gobbo（2003），Simpson（2002），Aoun&Li（2003），杨彩梅 & 徐烈炯（2005），杨彩梅（2007，2011，2012）陈宗利（2007，2009）。主要有两种不同的观点。一种观点以杨彩梅为代表，认为汉语关系从句是中心名词的附加语成分，汉语关系从句的中心名词在从句外基础生成，但从句内既没有算子零形式的非论元移动也没有中心名词的直接提升。另一种观点认为汉语关系从句与英语关系从句一样，也是经由句法移位而形成的。这其中又有三种不同的观点，一种认为汉语关系从句内存在零形式算子移位，从句中心语在句法结构中基础生成的（Ning 1993）；一种认为汉语关系从句是中心语提升的结果，属于 NP 移位（Huang 1982；熊仲儒 2005）；还有一种观点认为有的汉语关系从句是算子移位形成的，有的汉语关系从句则是中心语提升形成的（Aoun & Li 2003）。对汉语关系从句的句法生成虽然存在争议，但学者们都普遍认可汉语关系从句是中心语名词的附加语。鉴于杨彩梅在 2006 的论文《对汉语关系从句的两种句法分析》中对 Ning（1993），Del Gobbo（2003），Simpson（2002），Aoun & Li（2003）的研究已有较为详细的评析，加之篇幅所限，本文以下仅重点介绍陈宗利和杨彩梅的观点。

陈宗利（2005）在其博士论文中对限定性关系从句的句法生成进行了深入研究。在此基础之上，陈宗利（2007：338）提出了新的分析方法，即 RelP 分析。认为关系结构主要有如下两种基本形式，分别表示 ［＋泛指］和 ［＋特定］的关系结构。

a. $[_{GenP}[Gen'Gen[_{RelP}中心语[_{Rel'}Rel 从句]]]]$

b. $[DP[D'D[_{RelP}中心语[_{Rel'}Rel 从句]]]]$

　　按照陈宗利的分析，关系结构生成过程中最重要的一步是 RelP 的生成，此处称为"关系化操作"，其目的在于消除 Rel 中心词所携带的不可解释性特征［＋Rel］。其中，中心语既可以基础生成于 Spec RelP 位置，也可从从句内部提升移动而来。具体说来，当中心语在从句内作嫁接成分时，它是基础生成的；当中心语在从句内部充当主语或宾语等论元成分时，它是移位而来的。陈宗利按关系从句中谓语部分的属性将从句为两类：当谓语部分表示恒久的、泛指的属性时，从句属于个体谓词（individual-level predicate），称为"个体谓词从句"；当谓语部分表示瞬间的、具体的属性时，从句充当状态谓词（stage-level predicate），称为"状态谓词从句"。陈首先证明了汉语关系结构的两种基本形式为 [$_{DP}$ RC [$_D$ CDXP]]（XP = NumP 或 NP）和 [$_{GenP}$ RC [$_{Gen}$ Gen NP]]，其中，状态谓词从句位于（Spec DP）位置，而个体谓词从句则位于（Spec GenP）位置，从句与中心词之间存在一定的允准关系。然后，考虑到这种允准关系在中心语居前的语言中同样存在，提出这种允准关系实际上是中心词 D 或 Gen 与从句之间的一种特征核查关系，该核查关系在不同语言中实现方式不同：汉语通过从句显性移位来实现，中心语居前的语言则仅仅通过特征匹配来实现。由此，汉语关系结构的句法推导仅比中心语居前的语言多出一步，即：从句移位。在此之前，不同语言关系结构的推导过程是一致的。

　　与陈宗利的观点不同（陈宗利认为在汉语关系从句的生成过程中，中心语既可以基础生成于 Spec RelP 位置，也可从从句内部提升移动而来），杨彩梅 & 徐烈炯（2005）提出了汉语关系从句推导的非移动假设。杨彩梅（2006：33 - 34）认为从结构来说，汉语关系从句是中心名词的附加语成分；从推导来说，汉语关系从句的中心名词在从句外基础生成，但从句内既没有算子零形式的非论元移动也没有中心名词的直接提升。杨彩梅（2008：20）总结了英、汉关系化在六个方面的区别来证明汉语关系化与英语关系化不同，汉语关系化中没有移动。与英语关系化的移动语迹（NP/DP - 语迹或 wh - 语迹）表面对应的空缺只是空代词。杨彩梅总结出的六个方面的区别如下：1）是否存在"重构效应"；2）是否遵循邻近原则；3）是否存在"典型汉语关系结构"；4）关系结构中的 IP 能否单独使用；5）是否允准粘宾动词搁浅；6）是否允准寄生语缺。杨彩梅（2011）进一步通过句法分析提出"NP/DP/VP-省略"这种形式手段可以证明，无论是英语关系从句还是汉语关系从句，都有句法上的限制性-非限制性区别来与语义上的该区别相匹配。而且认为，限制性-非限制性句法区别存在于隐性句法而非显性句法中。杨彩梅（2013：368）指出，英语关系结构的狭义句法推导中有移位，而在汉语关系结构的狭义句法推导中没有移位。英语关系从句由移位生成，而汉语关系从句是非移位的。合并是个语言共性问题，任何一个句法结构都是成分合并的结果，但到底谁和谁能进行合并却是个语言个性/词汇特性问题。就汉语关系结构而言，任何两个本身合乎语法的成分都可以合并最终形成各种汉语关系结构。但一定要满足语义开放性谓词条件。与此类似，移位很可能也是个语言共性问题，因为很可能在任何一种语言中都存在某个或某些句法结构是移位的结果。但到底哪种语言中的哪个结构中的哪个成分需要移位却是个语言个性/词汇特性问题。

　　以上两位学者对关系从句的句法生成做出了深入研究，开拓了汉语关系从句的研究视野，对我们研究汉语关系从句的句法生成有很大的启示。但本文作者认为这两位学者的分析中都存在需要商榷的地方。

　　首先来看陈宗利的观点。陈宗利是在基于将汉语的关系从句分为个体谓词从句与状态谓词从句的基础上来讨论汉语关系从句的句法位置。他认为个体谓词从句只能出现在名词之前，不能出现在数量词或限定词（指示代词）之前，而状态谓词从句既可出现在名词之前，也能出现在数量词或限定词之前。当二者同时出现在名词和数量词之间时，状态谓词从句总是位于个体谓词从句之前。他列举的例句如下：

例4-5.

　　a. ［［e上次考试得满分的］［e工作认真负责的］学生］名叫李四。

　　b. *［［e工作认真的］［e上次考试得满分的］学生］名叫李四。

　　c. 我喜欢［那个［［e上次考试得满分的］［e工作认真负责的］学生］］。

　　d. *我喜欢［那个［［e工作认真负责的］［e上次考试得满分的］学生］］。

在以上四个例句中，只有 a 和 c 合乎语法，因为状态谓词从句位于个体谓词从句之前。从而推断出状态谓词从句始终位于 Spec DP 位置，而个体谓词从句则始终位于 Spec GenP 位置。

从陈所举的以上例句来看，个体谓词和状态谓词的位置并不是那么绝对。例句 b 和 d 也可以接受，只不过在汉语中更倾向于使用 a 和 c 这样的结构。因此，我们认为，并不能以此作为一个汉语关系从句句法生成的支撑标准。

杨彩梅（2011）提出用"NP/DP/VP－省略"这种形式手段可以证明，无论是英语关系从句还是汉语关系从句，都有句法上的限制性－非限制性区别来与语义上的该区别相匹配。我们认为这一提法存在一定问题。我们发现，如果关系从句的中心语是专有名词时，"VP－省略"的这一形式手段就不能区分汉语关系从句的限制性与非限制性。如：

例 4－6.

　　在所有的体育明星中，我最喜欢踢足球的贝克汉姆，我弟弟也是。

在该句中，省略的 VP 只能有一种解读，就是非限定性。因为这个句子的开头提供了一个很重要的背景信息"在所有的体育明星中"，这一背景信息已经缩小了"贝克汉姆"的可识别范围。如果该句没有提供"在所有的体育明星中"这一限定范围，那么似乎省略的 VP 可以有两种解读。一种是非限定性的，意为"我弟弟也喜欢足球明星贝克汉姆"。另一种可以是限定性的，意为"我弟弟也是喜欢踢足球时候的贝克汉姆，而不是拍广告或者是拍电影时候的贝克汉姆"。因此我们认为，从严格意义上来讲，"NP/DP/VP－省略"这种形式手段不能证明汉语有句法上的限制性－非限制性区别来与语义上的该区别相匹配。

4.2.2　汉语关系从句的句法生成——提升－残余移位

我们认为，对于汉语关系从句的句法生成的探讨，可以根据我们对汉语关系从句的划分，从"论元关系从句"，也就是我们所定义的"狭义关系从句"，和"非论元关系从句"，也就是我们所定义的"广义关系从句"两方面来进行探讨。我们在文章开头表明了我们本研究的范围是"狭义的关系从句"也即"论元关系从句"，因此，我们这里仅探讨汉语

"论元关系从句"的句法生成。

对于汉语的"论元关系从句"的生成，我们认为，刘礼进（2010）提出的观点比较有说服力。刘礼进（2010：62）同样是在 Vries（2002）的提升理论框架下探讨了英汉关系从句的句法生成。认为英汉语带论元关系从句的生成方式原则上相同，都是通过算子/空算子移位和核心名词提升操作生成的；汉语关系从句的生成需增加最后一步"残余移位"（remnant movement）：把关系从句移至 Spec-DP，以生成 A 结构（RC D N）；或移入限定词与核心名词之间，生成 B 结构（D RC N）。刘礼进借鉴了 Vries 的思路，将"的"字结构处理为功能次范畴扩展结构，认为它不是 DP 的功能中心，但它是汉语关系从句中必不可少的标记词或小品词，与 CP 合并为关系小品词短语 PrP（relative particle phrase）。关系化提升理论框架下的汉语关系从句的两种生成方式 A 和 B 结构对应以下的 a 和 b 式：

　　a. $[_{DP}[_{PrP}[_{CP}Op[_{IP}\cdots t_{dp\text{-}rel}\cdots]]De(\text{的})]_{D'}[_{D}FF(N)+D][_{CP}[_{DP\text{-}rel}[_{NP}N]](C)t_{prp}]]$

　　b. $[_{DP}[_{D}FF(N)+D]_{CP}[_{PrP}[_{CP}Op[_{IP}\cdots t_{dp\text{-}rel}\cdots]]De(\text{的})]_{C'}C[_{CP}[_{DP\text{-}rel}[_{NP}N]](C)t_{prp}]]$

用这两个范式来分析汉语的关系从句，如

例 4 - 7.

　　我害怕带枪的那个男人。

　　$[_{CP}$我害怕$[_{DP}[_{PrP}[_{CP}Op$ 带枪$]$ 的$]_{D'}[_{D}FF_{h}+$那个$[_{CP}$男人$_{h}(C)t_{prp}]]$

例 4 - 8.

我害怕那个带枪的男人。

　　$[_{CP}$我害怕$[_{DP}[_{D}FF_{h}+$那个$]_{CP}[_{PrP}[_{CP}Op$ 带枪$]$ 的$]_{C'}C[_{CP}[_{DP\text{-}rel}$男人$_{h}(C)t_{prp}]]$

我们认为刘礼进（2010）的分析比较令人信服。首先，他明确提出了分析的理论框架和分析的汉语关系从句的范围。他是完全基于 Vries 关系化提升理论的基础之上来分析汉语的"论元关系从句",而不是分析汉语的"非论元关系从句"(刘礼进认为汉语的非论元关系从句类型或是以"附加语"如表地点、时间、原因、条件、目的、方式、可能性、结果、方式等意义的名词构成的关系结构;或是以"内容名词语"如消息、事实、现象、信念、观点、主张等名词为核心语构成的关系结构)。我们认为根据 Vries(2002)的关系化提升理论来分析汉语的关系化生成有很好的说服力。Vries(2002:131)明确提出了前置关系从句的三个特征:

1)没有关系代词;

2)没有句首关系小品词;

3)如有句末小品词,其功能不同于标句词 C。

我们知道,在分析汉语关系从句的句法生成时,学者们的分歧之一就是对于关系从句中出现的"的"字的不同处理。有的将其视为 D,如 Simpson(2002),熊仲儒(2005)。我们认同刘礼进的观点,汉语关系从句结构中的"的"字结构不同于英语的 wh - 或是 that。"的"在汉语关系从句中没有词汇意义,也没有指代功能。因此"的"应视为汉语关系从句的标记或是小品词。

其次,大多数语言学家都认同汉语的关系从句是通过提取中心语而生成,而且指示代词或者数量词可以根据需要出现在关系从句之前或关系从句之后的两种句法位置。刘礼进提出的两种生成方式 A 和 B 很好地解释了汉语中指示代词或者数量词出现在关系从句前后的句法生成,此外,A 和 B 同样适用于解释无指示代词或者无数量词出现的名词短语关系从句的句法生成。

我们语料中出现的以下例句可以用刘礼进提出的观点得出合理的推导。

例 4 - 9.

就是想起 e_i 抢去他的车,而且几乎 e_i 要了他的命的那些大兵$_i$,也没有像想起她这么可恨可厌!(《骆驼祥子》)

关系从句"e_i 抢去他的车,而且几乎 e_i 要了他的命的那些大兵"的句法生成推导过程为:

1)[$_{\text{DP-rel}}$Op[$_{\text{NP}}$大兵]

2）[$_{DP-rel}$[$_{NP}$大兵]$_h$ Op t$_h$]

3）[$_{VP}$[$_{DP-rel}$[$_{NP}$大兵]$_h$ Op t$_h$][$_v$抢去他的车，而且几乎要了他的命]]

4）[$_{IP}$[$_{DP-rel}$[$_{NP}$大兵]$_h$ Op t$_h$]$_i$[$_{I'}$I[$_{VP}$t$_i$抢去他的车，而且几乎要了他的命]]]

5）[$_{CP}$[$_{DP-rel}$[$_{NP}$大兵]$_h$ Op t$_h$]$_i$[$_{C'}$C[$_{IP}$t$_i$' I[$_{VP}$t$_i$抢去他的车，而且几乎要了他的命]]]]

6）[$_{DP}$那些[$_{CP}$[$_{DP-rel}$大兵$_h$ Op t$_h$]$_i$C[$_{IP}$t$_i$' I[$_{VP}$t$_i$抢去他的车，而且几乎要了他的命]]]]

7）[$_{DP}$FF$_h$+那些[$_{CP}$[$_{DP-rel}$大兵$_h$ Op t$_h$]$_i$C[$_{IP}$t$_i$' I[$_{VP}$t$_i$抢去他的车，而且几乎要了他的命]]]]

8）[$_{DP}$FF$_h$+那些[$_{CP}$[$_{DP-rel}$大兵$_h$]$_i$C[$_{prp}$[$_{CP}$[Op t$_h$]$_i$[$_{IP}$t$_i$' I[$_{VP}$t$_i$抢去他的车，而且几乎要了他的命]]]的]]]

9）[$_{DP}$[$_{prp}$[$_{CP}$[Op t$_h$]$_i$[$_{IP}$t$_i$' I[$_{VP}$t$_i$抢去他的车，而且几乎要了他的命]]]的]$_{D'}$[$_D$FF$_h$+那些[$_{CP}$[$_{DP-rel}$大兵$_h$]$_i$(C)t$_{prp}$]]]

10）[$_{CP}$就是想起[$_{DP}$[$_{PrP}$[$_{CP}$Op 抢去他的车，而且几乎要了他的命]的]$_{D'}$[$_D$FF$_h$+那些[$_{CP}$大兵$_h$(C)t$_{prp}$]]]

如果关系从句中未出现指示代词，如下例关系从句"拉他的车的光棍儿"则可分析为：

例 4 - 10.

　　人和厂有地方住，e$_i$拉他的车的光棍儿$_i$，都可以白住。

　　[$_{DP}$[$_{PrP}$[$_{CP}$Op 拉他的车] 的]$_{D'}$[$_D$FF$_h$+¢[$_{CP}$光棍儿$_h$(C)t$_{prp}$]]]

可以看出，刘礼进提出的模式可以比较合理地解释汉语"论元关系从句"的句法生成。解决了指示代词和数量词的前后位置等问题。

4.3　小结

本章在 Vries 基于对语言类型的考察得出的关系从句句法生成理论关照下，简要介绍了英语关系从句的句法生成，重点介绍了陈宗利和杨彩梅对汉语关系从句句法生成提出的主要观点，指出其中的不足。较为详细地阐释了刘礼进根据 Vries（2002）的关系化提升理论来分析汉语的关系化生成的范式，认同刘礼进提出的观点：英汉语带论元关系从句的生成方式原则上相同，都是通过算子/空算子移位和核心名词提升操作生成的；汉语关系从句的生成需增加最后一步残余移位"（remnant movement）：把关系从句移至 Spec-DP，以生成 A 结构（RC D N）；或移入限定词与核心名词之间，生成 B 结构（D RC N）。存在的不足是未涉及"非论元关系从句"的句法生成。此外，对多重汉语关系从句，如同时包含个体谓词从句与状态谓词从句未进行分析。这些问题值得进行进一步深入研究。

第五章　英汉关系从句的篇章分布特征分析

这一章我们主要从英汉关系从句的篇章分布特征来看英汉关系从句的不同体现。

5.1　有定名词短语与无定名词短语

我们在第一章提到过，将英汉名词短语都分为三种类型：有定名词短语，无定名词短语，光杆名词（名词短语）。英汉语中的有定和无定名词短语都有形式上的标识。汉语中的有定名词短语，包括人称代词、专有名词、或由"这/那" + （量词） + 名词（光杆名词）；无定名词短语包括数词 + （量词） + 光杆普通名词。英语的有定名词短语包括人称代词、专有名词、指示限定代词（this，that，these，those），以及带有定冠词（the）或指示限定代词等的名词短语；无定名词短语包括带有不定冠词（a 或 an）、泛指代词（some、any 等）或数量词的名词短语。英汉语中的光杆名词的有定性与无定性都没有明确标识，需要通过其他语法手段来判断其有定性与无定性。先来看英语的光杆名词的情况。英语中的光杆名词有时也被称为零冠词名词短语。因为英语中作为语义范畴的有定性、无定性与定冠词 the 和不定冠词 a（n）之间基本存在着对应关系。作为零冠词出现的光杆名词，其有定性与无定性的区别没有有定名词短语与无定名词短语那般明了。对其有定或无定的判断也要借助于其他手段。就英语而言，光杆名词涉及光杆复数名词（bare plural nouns）和光杆物质名词（bare mass nouns）。对英语光杆名词的语义功能主要存在三种观点：一种观点认为光杆名词统一指称种类（kind-denoting），代表学者为 Carlson（1977）；另一种观点认为光杆名词既可以指称种类，也可以被视为是弱无定名词短语，代表人物为 Diesing（1992）。还有一种新种类指称说（neo-Carlsonian），认为光杆名词指称种类，种类与性质可以相互转换，代表人物有 Chierchia（1998）和 Krifka（2004）。

Givón（1978：295 - 296）认为，名词短语除了是有定（definite）和无定（indefinite）外，还可以是不区分有定与无定的非定（non-definite）。Givón 同时提出，非定也可以被视为是无定下面的小类。他列举了下面两个英语中非定成分的例子：

　　a. He bought shirts.

　　b. He went to the movies.

他认为例 a 中的"shirts"为无定复数形式，这里表类指；例 b 中的"the movies"是有定复数形式，虽然有定冠词"the"出现，但并非意味着说话人预设过听话人是否知道该电影。

Leech（1983）把名词短语的有定与无定同冠词的用法联系起来，认为定冠词表达的一种定指概念，不定冠词表达一种非定指概念。名词短语只有放入特定的语境之中，才能说它是有定还是无定；如果有定意味着在当前语境中有一个名词短语所描述的事物存在，而且此事物能被说话者和听话者根据双方所共享的知识唯一地确定。因此，说话者和听话者能否唯一地确定名词短语所描述的事物就成了判断一个名词短语是有定或无定的根本标准。

Lyon（1999：1 - 45）认为有定性在本质上含有两个主要意义成分：可识别性（identifiability）和囊括性（inclusiveness）。所谓可识别性，是指说者通过使用有定性标记（definiteness marker）告诉听者他可以确认名词词组的所指，是一个语用概念。所谓囊括性，是指有定名词词组的所指为该词组描述的事物的总和。如果该名词词组为单数，符合描述的所指就只有一个，因此囊括性有时也被称作唯一性（uniqueness）。Lyon 认为无定性的存在并非是因为使用了不定冠词，而是因为有定标记没有出现；a 和 the 在分布上并不是完全互补，因此不是真正意义上的"不定冠词"，而是表达基数性的词（a cardinality term），只能间接表达无定性。Lyon 将其称为"准不定冠词"（quasi-indefinite article）。

在汉语中，指示代词如"这、那、这（那）个、这（那）些"等和数量词如"一个、一些"等可以分别充当有定和无定的形式标记。但是，汉语中往往有很多句子中出现的名词短语没有带指示词或数量词，因此只能凭语义来进行区别。

王朝贵、王超（1987：56 - 61）提出，汉语名词性成分的有定性与无定性从语法位置来看，在句子中后置的名词性成分是无定的，而前置的名词性成分是有定的。汉语句子中对有定、无定的表达起主要作用的是语序，是名词性成分在句子中对自身语法位置的选择与确定。从意义上来看，汉语名词性成分的有定性与无定性也关涉到施事和受事的分析。施事作主语总是表示有定的事物。当施事表示无定性时，就不再充当主语，而是常常充当存现句中的施事宾语。另外，无论"把"字后面的宾语在意义上是施事还是受事，无论它们转化为施事主语句还是受事主语句，"把"字后面的宾语都是有定性成分。而且都受语序作用的支配，无论其中有无指量结构或是数量结构。

徐烈炯、刘丹青（2003：141）认为，有定是指说听双方都能确定的对象。而无定对象则是说话人不能确定，或说话人能确定但可以设想听话人不能确定的对象。有定 - 无定构成了定指范畴。

从以上学者们的观点中，可以看出对有定和无定名词短语的判断离不开语义因素和语用环境。

此外，以下学者也对汉语名词的有定性与无定性提出了自己的观点。赵元任先生（1979）明确指出汉语有一种强烈的趋势：主语所指的事物是有定的，宾语所指的事物是无定的。朱德熙先生（1982）也曾经指出，汉语有一种很强的倾向，即让主语表示已知的确定的事物，而让宾语去表示不确定的事物。陈平（1987：81 - 92）延续并深化了赵元任的思想，强调某些句子成分具有明显的表示有（无）定的强烈倾向性。如主语、把字的宾语、数量宾语前的受事宾语、双宾语结构中的近宾语以及领属性定语倾向于由定指格式的名词性成分充当，而存现句中的宾语、处所介词短语前的宾语、双宾结构中的远宾语及复合趋向补语后的宾语则倾向于由不定指格式的名词性成分充当。石毓智（2002：26）认为现代汉语拥有一个严格的句法规律：对于没有任何修饰语的光杆名词，以谓语中心动词为参照点，动词之前的被赋予有定的特征，之后的被赋予无定的特征。樊长荣（2007：15）认为，汉语的有定性是由词序或词汇选择或系统地避免某些词素以及语境来确定的，亦即由语言配置（Linguistic configuration）加语境来确定的。玄玥（2013：381）认为，汉语中的光杆名词，也一般被视为是无指性（non-referential）或称通指性成分。汉语的光杆名词自身没有界限，但是在有体貌成分的句子中就可以表示定指的有界事物，这是由于光杆名词的受影响性和所处的句法位置不同而导致的。

综合以上学者的观点，我们可以认为，在判定英汉光杆名词的有定无定时，句法、语义和语用都起到重要的作用。尤其是在判断汉语名词短语的有定性和无定性时，语境因素起到关键的作用。而对有定名词和无定名词的定义，我们采纳蔺璜的观点。

蔺璜（2006：23）对有定名词和无定名词做出的定义：

> 名词性成分的表现对象是话语中的某个实体，发话人使用该名词性成分时，如果预料受话人能够将所指对象与语境中某个特定的事物等同起来，能够把它与同一语境可能存在的其他实体区分开来，我们称该名词性成分为有定成分；发话人如果预料受话人无法将所指对象与语境中的其他实体区别开来，我们将其称为无定成分。

5.2　英语名词短语关系化的篇章分布特征

Gregory R. Guy & Robert Bayley（1994：148 - 162）通过对英语口语和书面语中提取出来的关系从句进行考察，发现英语中关系代词的选择与下列因素有关：先行词的生命性、交际的方式（口语/书面语）、被关系化的成分在从句中的句法位置、先行词的邻近成分以及被关系化的成分等。他们的研究对我们考察英语关系从句的篇章分布特征有很大启示。以下我们要通过从英语语料 *Martin Eden* 和 *Tess of The D'urbervilles* 中提取出的关系从句来考察英语有定名词和无定名词短语被关系化后是否有些显性的区别，比如是否对关系代词/副词的选择产生影响；是否在

主从句中充当的句法成分会有差异；以及限定性与非限定性关系从句在
篇章中的分布情况等。通过从汉语语料中提取出的关系从句考察汉语有
定名词和无定名词短语被关系化后的篇章分布；汉语关系从句在主句中
的句法分布；以及汉语指量短语和数量短语的关系从句在篇章中的分布
情况。

5.2.1 *Martin Eden* 中有定/无定名词短语关系化特征

我们对 *Martin Eden* 中 463 个关系从句有定名词短语和无定名词短语
被关系化后在从句中承担的句法位置以及选用关系代词和关系副词的情
况进行了统计，得到表 5 – 1 中的数据：

表 5 – 1　*Martin Eden* 中有定名/无定名词短语被关系化后的句法位置
以及选用关系代词/副词的分布情况

有定/无定	出现频次	百分比	句法位置	出现频次	百分比	关系代/副词	出现频次
有定	284	61%	SU	134	47.2%	That	80
						Who	36
						Which	18
			DO	89	31.3%	0	74
						That	10
						Which	4
						Whom	1
			OBL	46	19.7%	Which	32
						where	12
						0	6
						When	4
						That	2
			GEN	4	1.4%	Whose	4
			PRE	1	0.4%	0	1

续表

有定/无定	出现频次	百分比	句法位置	出现频次	百分比	关系代/副词	出现频次
无定	179	39%	SU	111	62%	That	74
						Who	30
						Which	7
			DO	31	17%	0	13
						That	13
						Which	4
			OBL	34	20%	Which	16
						Where	9
						That	3
						When	3
						0	2
						Whom	2
			GEN	2	1%	Whose	2

　　表 5 - 1 显示，有 284 个有定名词短语充当了先行词，占总数 463 的 61%；179 个无定名词短语充当先行词，占总数的 39%。有定名词短语充当先行词的比例要远远高于无定名词短语。无定名词短语充当先行词时，在从句中作主语（SU）的比例要高于有定名词短语在从句中充当的主语（SU）的比例。被关系化的名词短语在从句中的句法位置出现频次的高低顺序如下：

被关系化的是有定名词短语　　　　被关系化的是无定名词短语
SU > DO > OBL > GEN > PRE　　　SU > OBL > DO > GEN

　　表 5 - 1 显示，无论是有定名词短语还是无定名词短语充当先行词，在关系代词/副词的选择上没有明显的区别。我们首先从 *Martin Eden* 中抽取有定名词短语为先行词的实例。关系化 SU 时，关系代词选用 that，who 和 which。

例 5 - 1.

He recoiled from side to side between the various objects and multiplied the hazards *that in reality lodged only in his mind.* (the hazards/ that /SU)

例 5 - 2.

Such was the picture, and he thrilled to the memory of it, wondering if the man could paint it *who had painted the pilot-schooner on the wall.* (the man/who/SU)

例 5 - 3.

Mr. Higginbotham liked the word, *which was a new one in his vocabulary*, recently gleaned from a newspaper column. (the word/ which/SU)

关系化 DO 时,关系代词选用 0, that, which 和 whom。

例 5 - 4.

His mind went back to the house *he had just left*, and he saw, first, the paintings, and next, Her, looking at him with melting sweetness as she shook his hand at leaving. (the house/0/DO)

例 5 - 5.

Each day he did three thousand words, and each evening he puzzled his way through the magazines, taking note of the stories, articles, and poems *that editors saw fit to publish.* (the stories, articles, and poems/that/DO)

例 5 - 6.

Then his hand went to his collar, *which he ripped out of the shirt and stuffed into his pocket.* (his collar/which/DO)

例 5 - 7.

He had met the woman at last – the woman that he had thought little about, not being given to thinking about women, but *whom he had expected*, in a remote way, he would sometime meet. (the woman/whom/DO)

关系化 OBL 时,关系代词/副词是 which, where, 0, when 或者 that。

例 5 - 8.

His eyes were made for seeing, but up to that moment they had been filled with the ever changing panorama of the world, *at which he had been too busy gazing*, ever to gaze at himself. (the world/at which/OBL)

例 5 - 9.

"Come here, Alfred," he called to the crying child, at the same time thrusting his hand into his trousers pocket, *where he carried his money loose in the same large way that he lived life in general*. (his trousers pocket/where/OBL)

例 5 - 10.

He paused in his recollections long enough to envy them the spectacle *he and Cheese-Face had put up*. (the spectacle/0/OBL)

例 5 - 11.

The memory of it persisted, and in the moments *when he was most cast down*, he dwelt upon it eagerly. (the moments /when/OBL)

例 5 - 12.

He had met the woman at last-the woman *that he had thought little about*. (the woman/ that/OBL)

关系化 GEN 时,用关系代词 whose。

例 5 - 13.

He was famished for a sight of the girl *whose slender hands had gripped his life with a giant's grasp*. (the girl /whose/GEN)

关系化 PRE 时,用 0 (空位策略):

例 5 - 14.

And that was *all he was*, a dog asleep in the sun. (all/0/pre)

我们接着看关系化无定名词短语的实例。关系化 SU 时,关系代词常用 that, who 和 which。如:

例 5 - 15.

Also, with quick, critical eye, she noted a scar on his cheek, another *that peeped out from under the hair of the forehead*, and a third *that ran down and disappeared under the starched collar*. (another/that/SU, a third/that/SU)

例 5 - 16.

The one opened the door with a latch-key and went in, followed by a young fellow *who awkwardly removed his cap.* （a young fellow/ who/SU）

例 5 - 17.

He had been on a whaling voyage in the Arctic, once-a voyage *that was to have been for three years and which had terminated in shipwreck at the end of six months.* （a voyage/that/which/SU）

关系化 DO 时，关系代词用 0，that 和 which。如：

例 5 - 18.

He glanced at the titles and the authors' names, read fragments of text, caressing the volumes with his eyes and hands, and, once, recognized a book *he had read.* （a book/0/DO）

例 5 - 19.

He heard words spoken *that were meaningless to him*, and other words *that he had seen only in books* and *that no man or woman he had known was of large enough mental caliber to pronounce.* （other words/that/DO）

例 5 - 20.

debating over *words he knew were fit* but *which he feared he could not pronounce*, rejecting other words he knew would not be understood or would be raw and harsh. （words/which/DO）

关系化 OBL 时，关系代词用 which, where, that, when, 0（空位策略）和 whom。如：

例 5 - 21.

They bristled with unknown perils, and he gazed at them, fascinated, till their dazzle became a background *across which moved a succession of forecastle pictures.* （a background /which/OBL）

例 5 - 22.

He lay on a coral beach *where the cocoanuts grew down to the mellow-sounding surf.* （a coral beach /where/OBL）

例 5 - 23.

He had never seen anything *that he couldn't get the hang of* when he wanted to and it was about time for him to want to learn to talk the things that were inside of him so that she could understand. （anything /that/OBL）

例 5 - 24.

There had been *times when it was all he could do to refrain from reaching over and mopping Jim's face in the mush-plate.* （ times /when/OBL）

例 5 - 25.

but when he had copied it carefully, in a large scrawl that was easy to read, he learned from *a rhetoric he picked up in the library* that there were such things as paragraphs and quotation marks. （a rhetoric/0/OBL）

例 5 - 26.

He saw her come down the aisle, with Arthur and a strange young man with a football mop of hair and eyeglasses, *the sight of whom spurred him to instant apprehension and jealousy.* （a strange young man/whom/ OBL）

关系化 GEN 时，关系代词用 whose。

例 5 - 27.

Jim was a plumber's apprentice *whose weak chin and hedonistic temperament, coupled with a certain nervous stupidity, promised to take him nowhere in the race for bread and butter.* （a plumber's apprentice / whose/GEN）

从以上例句中，我们大致可以看出，有定名词短语与无定名词短语被关系化时，关系代词/副词的选择似乎没有太大区别。而表 5 - 1 中的数据也显示出，关系化有定名词短语或无定名词短语，在关系代词/副词上没有明显区别。这是英语中的普遍现象，还是 *Martin Eden* 的特有现象，我们接着看 *Tess of the D'urbervilles* 中名词短语的关系化特征。

5.2.2 *Tess of the D'urbervilles* 中的有定/无定名词短语关系化特征

我们在 Tess 中按顺序提取出了 275 个关系从句。其中有 186 个有定名词短语充当了先行词，另外还有 89 个是无定名词短语。下表为有定名词短语和无定名词短语被关系化后的句法位置和关系代词/副词的选用情况：

表 5－2 *Tess of the D'urbervilles* 中有定／无定名词短语被关系化后的句法

位置以及选用关系代词／副词的分布情况

有定／无定	出现频次	百分比	句法位置	出现频次	百分比	关系代／副词	出现频次
有定	186	68%	SU	77	41%	Who	31
						Which	26
						That	20
			DO	26	14%	0	16
						Which	4
						That	4
						Whom	2
			OBL	72	39%	Which	38
						Where	18
						When	6
						Whom	4
						That	3
						0	2
			GEN	10	5%	Whose	10
			PRE	1	1%	0	1
无定	89	32%	SU	44	49%	Which	23
						Who	12
						That	9
			DO	21	24%	Which	14
						0	3
						That	2
						Whom	2
			OBL	20	23%	Which	12
						Where	3
						Whom	2
						When	2
						0	1
			GEN	3	3%	Whose	3
			PRE	1	1%	that	1

表 5 - 2 所显示的情况与表 5 - 1 比较相似。有 186 个有定名词短语充当了先行词，占总数 274 的 68%，有 89 个无定名词短语充当了先行词，占总数的 32%。无定名词短语在从句中充当 SU 的比例也高于有定名词短语在从句中充当 SU 的比例。

被关系化的名词短语在从句中的句法成分出现频次的高低顺序如下：

被关系化的是有定名词短语　　　　被关系化的是无定名词短语

SU > OBL > DO > GEN > PRE　　　　SU > DO > OBL > GEN > PRE

此外，与 *Martin Eden* 中出现的情况相似，无论是有定名词短语还是无定名词短语充当先行词，关系代词/副词的选择上没有明显变化。关系化 SU 时，都采用 who，which 和 that；关系化 DO 时，都采用 which，that 和 whom；关系化 OBL 时，采用 which，where，when，whom，that 和 0；关系化 GEN 时都采用 whose。例如关系化 SU 时，都用 who。

例 5 - 28.

> *The people who* had turned their heads turned them again as the service proceeded; and at last observing her they whispered to each other.

例 5 - 29.

> "What be ye looking at?" asked *a man who* had not observed the incident.

关系化 DO 时，都用 whom。

例 5 - 30.

> Then *these children of the open air*, *whom* even excess of alcohol could scarce injure permanently, betook themselves to the field-path；

例 5 - 31.

> A wet day was the expression of irremediable grief at her weakness in the mind of *some vague ethical being whom* she could not class definitely as the God of her childhood, and could not comprehend as any other.

关系化 OBL 时，都用 which。

例 5 - 32.

> The time was not long past daybreak, and the yellow luminosity upon the horizon behind her back lighted *the ridge towards which* her face

was set.

例 5 - 33.

Thus it was arranged; and the young girl wrote, agreeing to be ready to set out on *any day on which* she might be required.

关系化 GEN 时都采用 whose。

例 5 - 34.

"You shall catch it for this, my gentleman, when you get home!" burst in female accents from the human heap-those of the unhappy partner of *the man whose* clumsiness had caused the mishap;

例 5 - 35.

It is *a vale whose* acquaintance is best made by viewing it from the summits of the hills that surround it-except perhaps during the droughts of summer.

由此，我们可以将在 *Martin Eden* 和 *Tess* 中观察到的有定名词短语和无定名词短语关系化的篇章分布特征总结如下：

1) 有定名词短语充当先行词的比例要远远高于无定名词短语；

2) 无论是有定名词短语还是无定名词短语，最容易被关系化的是处于主语句法位置的名词短语；

3) 无论有定名词短语或无定名词短语充当先行语，对关系代词/副词的选择没有明显影响。

5.3 英语限定性关系从句与非限定性 关系从句的篇章分布特征

英语中限定性关系从句与非限定性关系从句有明确的形式标记，先行词与从句之间没有逗号隔开的是限定性关系从句，先行词与从句之间有逗号隔开的是非限定性关系从句。我们接下来要考察的是英语语料中出现的限定性关系从句与非限定关系从句的篇章分布特征。

5.3.1　*Martin Eden* 中限定性关系从句与非限定性关系从句的篇章分布

在我们从 *Martin Eden* 中提取的 463 个关系从句中，有 377 个限定性关系从句，86 个非限定性关系从句。其有定名词短语与无定名词短语的句法位置与关系代词/副词的选用情况如下表所示。

表 5 - 3　　*Martin Eden* 中限定性/非限定性关系从句的篇章分布特征

限定/非限定	出现频次	百分比	关系代词	出现频次	百分比	有定/无定	出现频次	百分比	句法位置	出现频次	百分比
限定	377	81%	that	168	44.6%	有定	229	61%	SU	102	44.4%
			0	96	25.5%				DO	83	36.2%
			which	50	13.3%				OBL	41	17.9%
			who	40	11.6%				GEN	2	0.9%
			where	12	3.2%				PRE	1	0.4%
			when	6	1.5%	无定	148	39%	SU	94	63.4%
			whose	4	1%				DO	29	19.6%
			whom	1	0.3%				OBL	23	14.4%
									GEN	2	1.4%
非限定	86	19%	which	31	36%	有定	56	65%	SU	33	58.9%
			who	25	29%				OBL	15	26.8%
			that	15	17.5%				DO	6	10.7%
			where	9	10.5%				GEN	2	3.6%
			whom	2	2.3%	无定	30	35%	SU	15	50%
			whose	2	2.3%				OBL	12	40%
			when	1	1.2%				DO	3	10%
			0	1	1.2%						

表 5 - 3 显示，限定性关系从句有 377 个句子，占总数的 81%，远远高于非限定性的数量（86 个非限定性从句）。限定性关系从句和非限定性关系从句中关系代词/副词的出现频次高低有一定差别。在限定性关系从句中，关系代词/副词出现频次高低顺序为 that > 0 > which > who > where > when > whose > whom；在非限定性关系从句中，关系代词/副词出现频次

高低顺序为 which > who > that > where > whom > whose > when > 0。此外，在限定性关系从句中，充当先行词的有定名词短语有 229 个，占总数 377 个限定性关系从句中的 61%；充当先行词的无定名词短语有 148 个，占总数的 39%。无定名词短语充当先行词时，在从句中作 SU 的比例（63.4%）要高于有定名词短语在从句中作 SU 的比例（44.4%）。在 86 个非限定性关系从句，充当先行词的有定名词短语有 56 个，占总数的 65%；充当先行词的无定名词短语有 30 个，占总数的 35%。表 5 - 3 显示，无论是在限定性关系从句还是在非限定性关系从句中，有定名词短语充当先行词的比例要远高于无定名词充当先行词的比例。在限定性关系从句中，无定名词短语充当主语的比例（63.4%）要高于有定名词短语充当主语的比例（44.4%）。而在非限定性关系从句中，有定名词短语在从句中充当 SU 的比例（58.9%）要略高于无定名词短语在从句中充当 SU 的比例（50%）。

在限定性关系从句中，被关系化的名词短语在从句中的句法位置的频次高低顺序如下：

被关系化的是有定名词短语	被关系化的是无定名词短语
SU > DO > OBL > GEN > PRE	SU > DO > OBL > GEN

可以看出，在限定性关系从句中，被关系化的无论是有定名词短语还是无定名词短语，出现频次最高的是 SU，其次是 DO，然后是 OBL 和 GEN，这一等级顺序也符合 Keenan&Comrie 提出的名词短语的可及性等级序列。

在非限定性关系从句中，被关系化的名词短语在从句中的句法位置的频次高低顺序如下：

被关系化的是有定名词短语	被关系化的是无定名词短语
SU > OBL > DO > GEN	SU > OBL > DO

在非限定性关系从句中，无论是有定名词短语还是无定名词短语充当先行词，出现最多的句法成分是 SU，其次是 OBL。这一等级序列与上面提到的限定性关系从句的高低序列不同。也即在限定性关系从句中，

中心语充当 SU 的比例最高，其后依次是 DO，OBL 和 GEN；而在非限定性关系从句中，中心语充当 SU 的比例最高，其后依次是 OBL，DO 和 GEN。

5.3.2 *Tess of the D'urbervilles* 中限定性关系从句与非限定性关系从句的篇章分布

在 *Tess* 中抽取的 275 个关系从句中，有 181 个限定性关系从句，94 个非限定性关系从句。下表为限定性关系从句与非限定性关系从句的篇章分布情况。

表 5 - 4　　　　　*Tess of the D'urbervilles* 中限定性/非限定性
关系从句的篇章分布特征

限定/非限定	出现频次	百分比	关系代词	出现频次	百分比	名词类别	出现频次	百分比	句法位置	出现频次	百分比
限定	181	66%	which	68	37.6%	有定	122	67%	SU	48	39.3%
			that	38	21%				DO	23	18.9%
			who	26	14.3%				OBL	46	37.7%
			0	23	12.7%				GEN	4	3.3%
			where	8	4.4%				PRE	1	0.8%
			whose	7	3.9%	无定	59	33%	SU	32	44.2%
			whom	6	3.3%				DO	16	27.1%
			when	5	2.8%				OBL	8	13.7%
									GEN	2	3.3%
									PRE	1	1.7%
非限定	94	34%	which	46	48.9%	有定	64	68%	SU	29	44.3%
			who	21	22.3%				OBL	27	42.2%
			where	12	12.8%				DO	3	4.7%
			whose	6	6.4%				GEN	4	7.8%
			whom	5	5.3%	无定	30	32%	SU	12	40%
			when	3	3.2%				OBL	12	40%
			that	1	1.1%				DO	4	16.7%
									GEN	1	3.3%

  表5-4显示，限定性关系从句的数量要明显多于非限定性关系从句的数量。此外，在181个限定性关系从句中，充当先行词的有定名词短语有122个，占总数67%；充当先行词的无定名词短语有59个，占总数的33%。无定名词短语充当先行词时，在从句中作SU的比例（44.2%）要高于有定名词短语在从句中作SU的比例（39.3%）。

  在94个非限定关系从句中，充当先行词的有定名词短语有64个，占总数68%；充当先行词的无定名词短语有30个，占总数的32%。与限定性关系从句中出现的情况有所不同，有定名词短语充当先行词时，在从句中作SU的比例（44.3%）要略高于无定名词短语在从句中作SU的比例（40%）。

  在限定性关系从句中，被关系化的名词短语在从句句法位置出现的频次高低序列如下：

被关系化的是有定名词短语   被关系化的是无定名词短语
SU > OBL > DO > GEN > PRE SU > DO > OBL > GEN > PRE

  在非限定性关系从句中，被关系化的名词短语的可及性等级序列如下：

被关系化的是有定名词短语   被关系化的是无定名词短语
SU > OBL > GEN > DO   SU > OBL > DO > GEN

  与 *Martin Eden* 中出现的情况相似，在非限定性关系从句中，关系化OBL的数量比直接宾语的要高，这与我们将 when 和 where 都视为 OBL 有关。

  至此，我们可以将在 *Martin Eden* 和 *Tess* 中观察到的限定性关系从句和非限定性关系从句的篇章特征总结如下：

  1）限定性关系从句的数量在篇章中的分布比例要远高于非限定性关系从句；

  2）无论是在限定性关系从句还是在非限定性关系从句中，有定名词短语充当先行词的比例要高于无定名词短语；

  3）无论是在限定性关系从句还是在非限定性关系从句中，最容易被关系化的是处于主语句法位置的名词短语；

  4）在限定性关系从句中，无定名词在从句中充当主语的比例要高于有定名词短语在从句中充当主语的比例。在非限定性关系从句中则相反，有定名词短语充当主语的比例要高于无定名词短语在从句中充当主语的比例；

5）在非限定性关系从句中，无论被关系化的是有定名词短语还是无定名词短语，旁语出现的频率比直接宾语更高。

5.4 英语关系从句在主句中的句法分布特征

为了更全面地分析关系从句的篇章分布特征，我们将进一步引入"关系从句在主句中的句法位置"这一变量，考察语言内部主语中的关系从句和宾语（以及表语）中的关系从句之间的异同。

5.4.1 *Martin Eden* 中关系从句在主句中的句法位置

Martin Eden 中 463 个关系从句在主句中的句法位置如下表所示：

表 5－5　　　　　*Martin Eden* 中关系从句在主句中的句法分布情况

463 个 RC		377 个 RRC		86 个 NRC	
284 个有定名词短语充当中心语	179 个无定名词短语充当中心语	229 个有定名词短语充当中心语	148 个无定名词短语充当中心语	55 个有定名词短语充当中心语	31 个无定名词短语充当中心语
162 个 OBL	80 个 OBL	130 个 OBL	61 个 OBL	32 个 OBL	19 个 OBL
56 个 DO	49 个 DO	45 个 DO	44 个 DO	11 个 DO	5 个 DO
44 个 SU	41 个 PRE	36 个 SU	36 个 PRE	8 个 SU	5 个 PRE
22 个 PRE	9 个 SU	18 个 PRE	7 个 SU	4 个 PRE	2 个 SU

以下各举一实例加以说明。

限定性关系从句充当 SU，先行词为有定名词短语。如：

例 5－36.

　　He did not know the way of libraries, and he wandered through endless rows of fiction, till *the delicate-featured French-looking girl who seemed in charge*, told him that the reference department was upstairs.

限定性关系从句充当 SU，先行词为无定名词短语。如：

例 5 - 37.

　　A terrible restlessness that was akin to hunger afflicted *Martin Eden*.

非限定关系从句充当 SU，先行词为有定名词。如：

例 5 - 38.

　　But *she*, *who knew little of the world of men*, being a woman, was keenly aware of his burning eyes.

非限定关系从句充当 SU，先行词为无定名词。如：

例 5 - 39.

　　Several weeks went by, *during which Martin Eden studied his grammar*, *reviewed the books on etiquette*, *and read voraciously the books that caught his fancy*.

限定性关系从句充当 DO，先行词为有定名词短语。如：

例 5 - 40.

　　He recoiled from side to side between the various objects and multiplied *the hazards that in reality lodged only in his mind*.

限定性关系从句充当 DO，先行词为有无名词短语。如：

例 5 - 41.

　　He glanced at the titles and the authors' names, read fragments of text, caressing the volumes with his eyes and hands, and, once, recognized *a book he had read*.

非限定性关系从句充当 DO，先行词为有定名词短语。如：

例 5 - 42.

　　Mr. Higginbotham liked *the word*, *which was a new one in his vocabulary*, recently gleaned from a newspaper column.

非限定性关系从句充当 DO，先行词为无定名词短语。如：

例 5 - 43.

　　She saw before her only *a boy*, *who was shaking her hand with a hand so calloused that it felt like a nutmeg-grater and rasped her skin*, *and who was saying jerkily*:

限定性关系从句充当 OBL，先行词为有定名词。如：

例 5 - 44.

He wore rough clothes that smacked of the sea, and he was manifestly out of place in *the spacious hall in which he found himself*.

限定性关系从句充当 OBL，先行词为无定名词。如：

例 5 - 45.

The one opened the door with a latch-key and went in, followed *by a young fellow who awkwardly removed his cap*.

非限定性关系从句充当 OBL，先行词为有定名词短语。如：

例 5 - 46.

An impulsive stride, with one lurch to right and left of the shoulders, brought him to *the table, where he began affectionately handling the books*.

非限定性关系从句充当 OBL，先行词为无定名词短语。如：

例 5 - 47.

In addition, his cloth cap had been replaced by *a soft hat, which she commanded him to put on and then complimented him on his appearance*.

从表 5 - 5 可以看出，无论是在限定性关系从句中还是非限定性关系从句中，或者在将限定性关系从句与非限定性关系从句合并起来计算的情况下，如果是有定名词短语充当先行词，则关系从句出现在主句中的句法位置从多到少的顺序依次为：OBL > DO > SU > PRE，即有定名词短语引导的关系从句在主句中充当旁语的频次最高，其后依次为直接宾语、主语和表语。如果是无定名词短语充当先行词，则关系从句出现在主句中的句法位置从多到少的顺序依次为：OBL > DO > PRE > SU，即无定名词短语引导的关系从句在主句中充当旁语的次数最多，其后依次为直接宾语、表语和主语。两者的区别仅在于充当主语和表语的排列顺序不同。如果将 PRE 视为是 DO，那么两者之间没有差别。出现的频次最高的是 OBL，其次是 DO 和 SU。OBL 出现频次最多的原因是我们将介词后出现的成分都视为旁语，包括了 to，也包括 where 和 when 引导的关系从句。

表 5 - 5 呈现出的特征仅是作者个人风格的体现，还是英语篇章中存在的一种倾向，我们不妨继续考察 *Tess* 中的情况。

5.4.2　*Tess of the D'urbervilles* 中关系从句在主句中的句法位置

表 5 - 6　*Tess of the D'urbervilles* 中关系从句在主句中的句法分布情况

275 个 RC		181 个 RRC		94 个 NRC	
186 个有定名词短语充当中心语	89 个无定名词短语充当中心语	122 个有定名词短语充当中心语	59 个无定名词短语充当中心语	64 个有定名词短语充当中心语	30 个无定名词短语充当中心语
114 个 OBL	47 个 OBL	79 个 OBL	32 个 OBL	35 个 OBL	15 个 OBL
32 个 SU	21 个 DO	17 个 SU	15 个 DO	15 个 SU	6 个 DO
28 个 DO	12 个 PRE	17 个 DO	8 个 PRE	11 个 DO	5 个 SU
12 个 PRE	9 个 SU	9 个 PRE	4 个 SU	3 个 PRE	4 个 PRE

以下各举一实例加以说明。

限定性关系从句充当 SU，先行词为有定名词短语。如：

例 5 - 48.

　　All that was left of Prince was now hoisted into the waggon he had formerly hauled, and with his hoofs in the air, and his shoes shining in the setting sunlight, he retraced the eight or nine miles to Marlott.

限定性关系从句充当 SU，先行词为无定名词短语。如：

例 5 - 49.

　　A gaunt four-post bedstead which stood in the room afforded sitting-space for several persons gathered round three of its sides；

非限定性关系从句充当 SU，先行词为有定名词短语。如：

例 5 - 50.

　　The renewed subject，which seemed to have impregnated the whole family，filled Tess with impatience.

非限定性关系从句充当 SU，先行词为无定名词短语。如：

例 5 - 51.

　　She was silent, and the horse ambled along for a considerable distance, till *a faint luminous fog，which had hung in the hollows all the evening*, became general and enveloped them.

限定性关系从句充当 DO，先行词为有定名词短语。如：

例 5 - 52.

He took almost *the first that came to hand*, which was not the speaker, as she had expected; nor did it happen to be Tess Durbeyfield.

限定性关系从句充当 DO，先行词为无定名词短语。如：

例 5 - 53.

She had *an attribute which amounted to a disadvantage just now*;

非限定性关系从句充当 DO，先行词为有定名词短语。如：

例 5 - 54.

Next in juvenility to Abraham came two more girls, Hope and Modesty; then a boy of three, and then *the baby*, *who had just completed his first year.*

例 5 - 55.

非限定性关系从句充当 DO，先行词为无定名词短语。如：

It was a windowless erection used for storage, and from the open door there floated into the obscurity *a mist of yellow radiance*, *which at first Tess thought to be illuminated smoke.*

限定性关系从句充当 OBL，先行词为有定名词短语。如：

例 5 - 56.

An empty egg-basket was slung upon his arm, the nap of his hat was ruffled, a patch being quite worn away at *its brim where his thumb came in taking it off.*

限定性关系从句充当 OBL，先行词为无定名词短语。如：

例 5 - 57.

The harness was entangled with *an object which blocked the way.*

非限定性关系从句充当 OBL，先行词为有定名词短语。如：

例 5 - 58.

There stood her mother amid the group of children, as Tess had left her, hanging over *the Monday washing-tub*, *which had now*, *as always*, *lingered on to the end of the week.*

非限定性关系从句充当 OBL，先行词为无定名词短语。如：

例 5 – 59.

　　　　Presently he was met by *an elderly parson astride on a gray mare*, *who*, *as he rode*, *hummed a wandering tune.*

从表 5 – 6 可以看出，无论是在限定性关系从句中还是非限定性关系从句中，如果是有定名词短语充当先行词，则关系从句出现在主句中的句法位置从多到少的顺序依次为：OBL > SU > DO > PRE，即有定名词短语引导的关系从句在主句中充当旁语的次数最多，其后依次为主语、直接宾语和表语。

如果是无定名词短语充当先行词，则关系从句在主句中的句法位置从多到少的排列顺序在限定性关系从句和非限定性从句中会有一些差异。

无定名词短语充当限定性关系从句的先行词时：OBL > DO > PRE > SU，即限定性关系从句在主句中充当 OBL 的次数最多，其后依次为 DO，PRE 和 SU。无定名词短语充当非限定性关系从句的先行词时：OBL > DO > SU > PRE，即非限定性关系从句在主句中充当 OBL 的次数最多，其后依次为 DO，SU 和 PRE。

两者的区别仅在于在主句中充当 SU 和 PRE 的数量不同。但其实很多情况下，语法学家都将 PRE 视为是 DO，因此，无论无定名词短语充当限定性关系从句或非限定性关系从句的先行词，两者在充当主句中的句法位置方面没有太大区别。可以看出，无论是在限定性关系从句还是非限定性从句，无论被关系化的是有定名词短语还是无定名词短语，关系从句出现在主句的旁语位置最为常见。

综合表 5 – 5 和 5 – 6，以及以上所列举的实例来看，英语篇章中关系从句在主句中充当的句法位置似乎有共同的特征：无论是限定性关系从句还是非限定性关系从句，无论先行词是有定名词短语还是无定名词短语，关系从句在主句中充当最多成分的是 OBL，其次为 DO 和 SU。

5.5　汉语有定/无定名词短语关系化的特征

相对于英语有定名词短语与无定名词短语以显著的形态标记进行识别不同，汉语的有定名词短语与无定名词短语的识别要复杂得多。除了可以依靠句法位置进行识别，如位于主语位置的倾向于有定成分，位于宾语位置的倾向于无定成分；可以通过形式标记进行识别，如带有指示代词"这，那"的名词短语是有定成分，带有数量短语的是无定成分。汉语句子中有定名词短语和无定名词短语主要是通过语境来进行识别。

5.5.1　《骆驼祥子》中有定/无定名词短语的关系化特征

《骆驼祥子》中463个关系从句的有定/无定名词短语关系化的篇章分布如下表所示：

表 5 - 7　　《骆驼祥子》中有定/无定名词短语关系化的篇章分布

有定/无定	出现频次	百分比	句法位置	出现频次	百分比
有定	273	59%	SU	181	66.4%
			DO	63	23%
			OBL	26	9.5%
			GEN	3	1.1%
无定	190	41%	SU	153	80.4%
			DO	27	14.3%
			OBL	9	4.8%
			GEN	1	0.5%
合计	463	100%			

以下是有定名词短语和无定名词短语被关系化的实例。

被关系化的 SU 为有定名词短语，如：

例5-60.

　　那 t 斗落了大腿的蟋蟀，还想用那些小腿儿爬。

被关系化的 SU 为无定名词短语，如：

例5-61.

　　他晓得一个 t 卖力气的汉子应当怎样保护身体，身体是一切。

被关系化的 DO 为有定名词短语，如：

例5-62.

　　祥子说不清 t 的那点事是这样：曹先生在个大学里教几点钟

功课。

被关系化的 DO 为无定名词短语，如：

例 5 - 63.

祥子痛快得要飞起来，这些日子的苦恼全忽然一齐铲净，像大雨冲过 t 的白石路。

被关系化的 OBL 为有定名词短语，如：

例 5 - 64.

曹先生的"人道主义"使他不肯安那 t 御风的棉车篷子，就是那帆布车篷也非到赶上大雨不准支上，为是教车夫省点力气。

被关系化的 OBL 为无定名词短语，如：

例 5 - 65.

街上越来越热闹了，t 祭灶的糖瓜摆满了街，走到哪里也可以听到"糖来，糖"的声音。

被关系化的 GEN 为有定名词短语，如：

例 5 - 66.

他得带走这几匹牲口，虽然还没想起骆驼能有什么用处，可是总得算是几件东西，而且是 t 块儿不小的东西。

被关系化的 GEN 为无定名词短语，如：

例 5 - 67.

二十来的岁，他已经很大很高，虽然肢体还没被年月铸成一定的格局，可是已经像个成人了——一个 t 脸上身上都带出天真淘气的样子的大人。

表 5 - 7 显示，《骆驼祥子》中被关系化的有定名词短语的比例要高过无定名词短语。中心语在句法位置上出现的高低顺序如下：

被关系化的是有定名词短语　　　　被关系化的是无定名词短语

SU > DO > OBL > GEN　　　　　　SU > DO > OBL > GEN

无论被关系化的是有定名词短语还是无定名词短语，主语最容易被关系化。两者的区别在于，无定名词短语充当 SU 的比例（80.4%）要高于有定名词充当 SU 的比例（66.4%）。

5.5.2 《边城》中有定/无定名词短语的关系化特征

《边城》中275个关系从句的有定/无定名词短语关系化的篇章分布如下表所示：

表 5 - 8　　《边城》中有定/无定名词短语关系化的篇章分布

有定/无定	出现频次	百分比	句法位置	出现频次	百分比
有定	181	66%	SU	115	63.5%
			DO	50	27.6%
			OBL	15	8.3%
			GEN	1	0.6%
无定	94	34%	SU	61	64.9%
			DO	18	19.2%
			OBL	13	13.8%
			GEN	2	2.1%
合计	275	100%			

以下是有定名词短语和无定名词短语被关系化的例子：

被关系化的 SU 为有定名词短语，如：

例 5 - 68.

又说到翠翠的父亲，那个 t 又要爱情又惜名誉的军人，在当时按照绿营军勇的装束，如何使女孩子动心。

被关系化的 SU 为无定名词短语，如：

例 5 - 69.

t 一个对于诗歌图画稍有兴味的旅客，在这小河中，蜷伏于一只小船上，作三十天的旅行，必不至于感到厌烦，正因为处处有奇迹，自然的大胆处与精巧处，无一处不使人神往倾心。

被关系化的 DO 为有定名词短语，如：

例 5 - 70.

气候既到了中夏，半夜里不冷不热，穿了白家机布汗褂，到那些 t 月光照及的高崖上去，遵照当地的习惯，很诚实与坦白去为一个"初生之犊"的黄花女唱歌。

被关系化的 DO 为无定名词短语，如：

例 5－71.

老船夫在城里被一个熟人拉着谈了许久的盐价米价，又过守备衙门看了一会厘金局长新买 t 的骡马，才到河街顺顺家里去。

被关系化的 OBL 为有定名词短语，如：

例 5－72.

为了想早早的看到那 t 迎婚送亲的喜轿，翠翠还爬到屋后塔下去眺望。

被关系化的 OBL 为无定名词短语，如：

例 5－73.

老船夫似乎心中还不甘服，撒着两手走出去，在门限边一个 t 打草鞋的棒槌，差点儿把他绊了一大跤。

被关系化的 GEN 为有定名词短语，如：

例 5－74.

翠翠睨着 t 腰背微驼的祖父，不说什么话。

被关系化的 GEN 为无定名词短语，如：

例 5－75.

脚下穿的是一双 t 尖头新油过的钉鞋，上面沾污了些黄泥。

与《骆驼祥子》中出现的情况相似，表 5－8 显示，《边城》中被关系化的有定名词短语的比例要远远高过无定名词短语。中心语在句法位置上出现的高低顺序如下：

被关系化的是有定名词短语   被关系化的是无定名词短语

SU > DO > OBL > GEN   SU > DO > OBL > GEN

无论是被关系化的是有定名词短语还是无定名词短语，主语最容易被关系化。

我们将在《骆驼祥子》和《边城》中观察到的有定名词短语和无定名词短语关系化的篇章分布特征总结如下：

1）被关系化的有定名词短语的比例要高于无定名词短语；

2）无论是有定名词短语还是无定名词短语，最容易被关系化的是 SU，其后依次为 DO，OBL 和 GEN。

5.6　汉语关系从句在主句中的句法分布

上一节考察的是汉语名词短语被关系化后的句法位置，下面要考察的是关系从句在主句中的句法位置分布情况。

5.6.1　《骆驼祥子》中关系从句在主句中的句法分布

下表为《骆驼祥子》中的 463 个关系从句在主句中的句法位置分布情况。

表 5 - 9　　　《骆驼祥子》中关系从句在主句中的句法分布情况

句法位置 名词属性	DO	SU	OBL	GEN	总计
有定	180	53	35	5	
无定	147	37	5	1	
合计	327	90	40	6	463

表 5 - 9 显示，在《骆驼祥子》中出现的关系从句充当句法成分最多的是 DO，其后依次为 SU，OBL 和 GEN。

关系从句充当 SU，中心语为有定名词短语。如：

例 5 - 76.

　　　这是什么战略——假使这群 t 只会跑路与抢劫的兵们也会有战略——他不晓得。

关系从句充当 SU，中心语为无定名词短语。如：

例 5 - 77.

　　　她只是害怕，不敢生气，t 落到她这步田地的人晓得把事实放在气和泪的前边。

关系从句充当 DO，中心语为有定名词短语。如：

例 5 - 78.

　　　他心中打开了转儿：凭这样的赞美，似乎也应当捧那 t 身矮胆大的光头一场；

关系从句充当 DO，中心语为无定名词短语。如：

例 5-79.

　　为更实际的表示自己的快乐，他买了个 t 冻结实了的柿子，一口下去，满嘴都是冰凌！

关系从句充当 OBL，中心语为有定名词短语。如：

例 5-80.

　　在这个无可抵御 t 的压迫下，他觉出一个车夫的终身的气运是包括在两个字里——倒霉。

关系从句充当 OBL，中心语为无定名词短语。如：

例 5-81.

　　把屋子也收拾利落了，二太太把个 t 刚到一周岁的小泥鬼交给了他。

关系从句充当 GEN，中心语为有定名词短语。如：

例 5-82.

　　说翻了，过去就是一把，抓住他们 t 五六十块钱一身的洋服的袖子，至少给他们印个大黑手印。

关系从句充当 GEN，中心语为无定名词短语。如：

例 5-83.

　　那辆车是他的一切挣扎与困苦的总结果与报酬，象 t 身经百战的武士的一颗徽章。

5.6.2　《边城》中关系从句在主句中的句法分布

下表为《边城》中的 275 个关系从句在主句中的句法位置分布情况。

表 5-10　　　　《边城》中关系从句在主句中的句法分布情况

句法位置 名词属性	DO	SU	OBL	GEN	总计
有定	107	50	23	1	
无定	59	20	15	0	
合计	166	70	38	1	275

与表 5 - 9 相似，表 5 - 10 显示，在《边城》中出现的关系从句充当句法成分最多的是 DO，其后依次为 SU、OBL 和 GEN。

关系从句充当 SU，中心语为有定名词短语。如：

例 5 - 84.

四十天或五十天，t 在船上浮着的那一个，同留在岸上的这一个，便皆呆着打发这一堆日子，尽把自己的心紧紧缚定远远的一个人。

关系从句充当 SU，中心语为无定名词短语。如：

例 5 - 85.

t 一个对于诗歌图画稍有兴味的旅客，在这小河中，蜷伏于一只小船上，作三十天的旅行，必不至于感到厌烦，正因为处处有奇迹，自然的大胆处与精巧处，无一处不使人神往倾心。

关系从句充当 DO，中心语为有定名词短语。如：

例 5 - 86.

翠翠一面走一面问 t 那拿火把的人，是谁问他就知道她在河边。

关系从句充当 DO，中心语为无定名词短语。如：

例 5 - 87.

事情业已为作渡船夫的父亲知道，父亲却不加上一个 t 有分量的字眼儿，只作为并不听到过这事情一样，仍然把日子很平静的过下去。

关系从句充当 OBL，中心语为有定名词短语。如：

例 5 - 88.

祖父抿着嘴把头摇摇，装成狡猾得意神气笑着，把 t 扎在腰带上留下的那枚单铜子取出，送给翠翠。

关系从句充当 OBL，中心语为无定名词短语。如：

例 5 - 89.

近六月时，天气热了些，老船夫把一个 t 满是灰尘的黑陶缸子从屋角隅里搬出，自己还匀出闲工夫，拼了几方木板作成一个圆盖。

关系从句充当 GEN，中心语为有定名词短语。如：

例 5－90.

　　　　大老望着 t 弄渡船的老船夫涎皮的老脸轻轻的说：

　　总结《骆驼祥子》和《边城》中的关系从句在主句中的句法成分分布情况，可以看出，在汉语小说篇章中，关系从句在主句中充当最多的句法成分是 SU，其后依次是 DO，OBL 和 GEN。而英语小说篇章中，关系从句在主句中充当最多的句法成分是 OBL，其次为 DO 和 SU。

5.7　汉语指量名词短语关系化的篇章分布特征

　　汉语中，指示词"这""那"已经作为有定名词短语的标识，数量名词短语是无定名词短语的标识。学者们在争论汉语关系从句的功能区别时，也有将指示词"这""那"位于关系从句的前后作为判断关系从句是限定性还是非限定性的标准，因此我们这一节不妨将重点放在探讨有指示词"这""那"标识的有定名词短语的关系化的特征之上。此外，数量短语作为无定名词短语的标识，在汉语篇章中的分别也比较广泛。我们将利用这一节的篇幅重点考察有明确标记的指量名词和数量名词短语的关系化特征。

5.7.1　《骆驼祥子》中指量名词短语的关系化的篇章分布特征

　　我们将指示词位于关系从句前简称为"关前"，指示词位于关系从句后简称为"关后"。《骆驼祥子》中共有 77 个句子中被关系化的名词短语有指示词"这""那"标识。其中有 43 个指示词"那"位于关系从句前，在从句中充当主语、旁语、宾语和领属语。21 个指示词"那"位于关系从句后，在从句中充当宾语、主语和旁语。而 13 个指示词"这"全部位于关系从句前，在从句中充当主语。如下表所示：

表 5 - 11　　　　　《骆驼祥子》中指量名词短语关系从句的篇章分布

句子结构（数量）	从句中的句法位置	出现频次	百分比	主句中的句法位置	出现频次	百分比
那 + RC + NP（43）	SU	39	90.7%	DO	32	74.4%
	OBL	2	4.7%	SU	8	18.6%
	DO	1	2.3%	OBL	3	7%
	GEN	1	2.3%			
RC + 那 + NP（21）	DO	16	76.2%	DO	16	76.2%
	SU	4	19.0%	SU	4	19.0%
	OBL	1	4.8%	OBL	1	4.8%
这 + RC + NP（13）	SU	13	100%	DO	10	76.9%
				OBL	2	14.4%
				SU	1	7.7%

　　表 5 - 11 显示，指示词"那"位于关系从句前时，指量名词短语被关系化的数量的高低顺序为 SU > OBL > DO > GEN，即"那"位于关系从句前时，主语最容易被关系化，其后依次为旁语、直接宾语和属格语。

　　指示词"那"位于关系从句前时，关系从句在主句中的句法位置从高到低的顺序为：DO > SU > OBL。即"那"位于关系从句前时，从句在主句中充当最多次数的是直接宾语，其后依次为主语和旁语。

　　而指示词"那"位于关系从句后时，指量名词短语被关系化的高低顺序为 DO > SU > OBL，即"那"位于关系从句后时，最容易被关系化的是直接宾语，其后依次为主语和旁语。

　　指示词"那"位于关系从句后时，关系从句在主句中的句法位置从多到少的顺序为：DO > SU > OBL。即从句在主句中充当最多次数的是直接宾语，其后依次为主语和旁语。

　　可以看出，《骆驼祥子》中指示词位于关系从句前的情况比位于关系从句后的情况要更为常见。特别是指示词"这"，全部都位于关系从句之前。"这""那"位于关系从句前时，被关系化的名词短语在从句中主要充当主语，位于关系从句后时，在从句中主要充当宾语。而无论是在关前还是关后，从句在主句都主要充当宾语。我们分别提取其中一个实例进行说明。

"那"位于关系从句前:

例 5 -91.

　　　看着那 t 裹着灰沙的风从他面前扫过去,他点点头。(SU/DO,
在从句中充当 SU,在主句中充当 DO)

例 5 -92.

　　　曹先生的"人道主义"使他不肯安那 t 御风的棉车棚子,就是
那帆布车棚也非到赶上大雨不准支上,为是教车夫省点力气。(OBL/
DO,在从句中充当 OBL,在主句中充当 DO)

例 5 -93.

　　　"打鼓儿的"把东西收拾了走,屋中只剩下他的一份铺盖和那几
件挑出来 t 的衣服,在没有席的炕上放着。(DO/DO,在从句中充当
DO,在主句中充当 DO)

例 5 -94.

　　　卖了棉衣,他觉得非常的痛快,拿着现钱作什么不好呢,何必
留着等那个 t 一阵风便噎死人的冬天呢?(GEN/DO,在从句中充当
GEN,在主句中充当 DO)

"那"位于关系从句后:

例 5 -95.

　　　拉车的方法,以他干过 t 的那些推、拉、扛、挑的经验来领会,
也不算十分难。(DO/OBL,在从句中充当 DO,在主句中充当 OBL)

例 5 -96.

　　　就是想起 t 抢去他的车,而且几乎 t 要了他的命的那些大兵,也
没有像想起她这么可恨可厌!(SU/DO,在从句中充当 SU,在主句
中充当 DO)

例 5 -97.

　　　钱有 t 花完的那一天,人可是也不会永远活着!(OBL/DO,在从
句中充当 OBL,在主句中充当 DO)

"这"位于关系从句前:

例 5 -98.

　　　这是什么战略——假使这群 t 只会跑路与抢劫的兵们也会有战略

——他不晓得。(SU/SU,在从句中充当 SU,在主句中充当 SU)

5.7.2 《边城》中指量名词短语关系化的篇章分布特征

表 5 - 12 为《边城》中指量名词短语关系从句的篇章分布情况。

《边城》中共出现了 43 个指示词"这""那"位于关前关后的句子。其中,有 24 个指示词"那"位于关系从句前,在从句中充当主语、旁语和宾语;有 12 个"那"位于关系从句后,在从句中充当主语、宾语和旁语。有 6 个指示词"这"位于关系从句前,在从句中充当主语;有 1 个指示词"这"位于关系从句后,在从句中充当主语。各列举一个实例。

表 5 - 12　　　《边城》中指量名词短语关系从句的篇章分布

句子结构(数量)	在从句中的句法位置	出现频次	百分比	在主句中的句法位置	出现频次	百分比
那 + RC + NP (24)	SU	21	87.4%	DO	15	62.4%
	OBL	2	8.3%	SU	7	29.2%
	DO	1	4.2%	OBL	2	8.3%
RC + 那 + NP (12)	DO	6	40%	DO	6	40%
	SU	4	33.3%	SU	4	33.3%
	OBL	2	16.7%	OBL	2	16.7%
这 + RC + NP (6)	SU	6	100%	DO	3	40%
				OBL	2	33.3%
				SU	1	16.7%
RC + 这 + NP (1)	SU	1	100%	SU	1	100%

"那"位于关系从句前:

例 5 - 99.

代替了天,使他在日头升起时,感到生活的力量,当日头落下时,又不至于思量与日头同时死去的,是那个 t 伴在他身旁的女孩子。(SU/DO,在从句中充当 SU,在主句中充当 DO)

例 5 - 100.

为了想早早的看到那 t 迎婚送亲的喜轿,翠翠还爬到屋后塔下去

眺望。（OBL/DO，在从句中充当 OBL，在主句中充当 DO）

例5-101.

　　翠翠同他的祖父，也看过这样的热闹，留下一个热闹的印象，但这印象不知为什么原因，总不如<u>那个端午所经过 t 的事情</u>甜而美。（DO/DO，在从句中充当 DO，在主句中充当 DO）

"那"位于关系从句后：

例5-102.

　　管理这渡船的，就是 <u>t 住在塔下的那个老人</u>。（SU/DO，在从句中充当 SU，在主句中充当 DO）

例5-103.

　　走近去听听，所说的便是<u>杨马兵提到 t 的那件事</u>。（DO/DO，在从句中充当 DO，在主句中充当 DO）

例5-104.

　　又想起白日在河街上同大老谈话的经过，想起 <u>t 中寨人陪嫁的那座碾坊</u>，想起二老，想起一大堆事情，心中有点儿乱。（OBL/DO，在从句中充当 OBL，在主句中充当 DO）

"这"位于关系从句前：

例5-105.

　　前几天顺顺家天保大老过溪时，同祖父谈话，<u>这 t 心直口快的青年人</u>，第一句话就说：（SU/DO，在从句中充当 SU，在主句中充当 SU）

"这"位于关系从句后：

例5-106.

　　四十天或五十天，在船上浮着的那一个，同 <u>t 留在岸上的这一个</u>，便皆呆着打发这一堆日子，尽把自己的心紧紧缚定远远的一个人。（SU/DO，在从句中充当 SU，在主句中充当 DO）

与《骆驼祥子》中带有指示词"这""那"的指量名词短语的关系化十分相似，《边城》中指示词位于关系从句前的比例远高于位于关系从句后。不论是关前还是关后，关系从句在主句中主要充当主语。与《骆驼祥子》不同之处在于，指示词无论位于关系从句前还是位于关系从句后，被关系化的名词短语在从句中主要充当主语。

为了更好地展现现代汉语中指量短语和数量短语被关系化后在篇章中的分别特点，我们增加了两部当代中篇小说作为语料。一是著名作家莫言的《师傅越来越幽默》，另一篇是著名女作家池莉的《烦恼人生》。这两部作品主题较为相似，都以刻画小人物的烦恼作为主线，并且描述的时代也较为相近。

下表 5 - 13 为《师傅越来越幽默》中指示词"这""那"在关系从句前后位置的情况和在句子中充当句法成分的情况。

表 5 - 13　《师傅越来越幽默》中指量名词短语关系从句的篇章分布

句子结构（数量）	在从句中的句法位置	出现频次	百分比	在主句中的句法位置	出现频次	百分比
那 + RC + NP (19)	SU	18	95.7%	DO	11	57.9%
				SU	7	36.8%
	DO	1	4.3%	OBL	1	4.3%
RC + 那 + NP (1)	DO	1	100%	DO	1	100%
这 + RC + NP (3)	SU	3	40%	DO	3	40%

"那"位于关系从句前：

例 5 - 107.

　　那个 t 喊话的警察把手里的电喇叭交给身边的同伙：（SU/SU，在从句中充当 SU，在主句中充当 SU）

例 5 - 108.

　　早晨，他像往常一样骑着那辆 t 六十年代生产的大国防牌自行车去上班，（DO/DO，在从句中充当 DO，在主句中充当 DO）

"那"位于关系从句后：

例 5 - 109.

　　他看到了 t 平放在地上的那块床板。（SU/DO，在从句中充当 SU，在主句中充当 DO）

"这"位于关系从句前：

例 5 - 110.

　　他站在大门外边看着<u>这个 t 从中学退休后到这里来看大门的老秦</u>小跑着过来。(SU/DO, 在从句中充当 SU, 在主句中充当 DO)

　　下表为《烦恼人生》中指量名词短语关系从句的篇章分布情况。

表 5 - 14　　《烦恼人生》中指量名词短语关系从句的篇章分布

句子结构（数量）	在从句中的句法位置	出现频次	百分比	在主句中的句法位置	出现频次	百分比
那 + RC + NP (4)	SU	3	75%	DO	2	50%
				GEN	1	25%
	DO	1	25%	OBL	1	25%
RC + 那 + NP (1)	SU	1	100%	SU	1	100%
这 + RC + NP (2)	SU	2	100%	DO	1	50%
				SU	1	50%

　　"那"位于关系从句前：

例 5 - 111.

　　家厚真想回一封信，谈谈自己的观点，<u>宽宽那个 t 正承受着离婚危机的知青伙伴</u>的心，可他不知道写了信该往哪儿寄？(SU/DO, 在从句中充当 SU, 在主句中充当 DO)

例 5 - 112.

　　印家厚的头嗡嗡直响，声音越变越大，平庸枯燥的家庭生活场面旋转着，把<u>那平日忘却 t 的烦恼琐事</u>一一飘浮在眼前。(DO/OBL, 在从句中充当 DO, 在主句中充当 OBL)

　　"那"位于关系从句后：

例 5 - 113.

　　这个名字和<u>t 他刻骨铭心的那个名字</u>完全不相干。(SU/SU, 在从句中充当 SU, 在主句中充当 SU)

　　表 5 - 13 和 5 - 14 呈现的数据与表 5 - 11 和 5 - 12 十分相似，即指示词"这""那"与被关系化的名词短语主要在从句中充当主语。我们将四

部汉语小说中提取出带有指示词"这""那"位于关系从句的前后位置具体进行比较，得到下表 5 - 15：

表 5 - 15　四部汉语小说指示代词"这、那"与关系从句的前后位置分布

	关前	百分比	关后	百分比	合计
骆驼祥子	56	73%	21	27%	77
边城	30	72%	13	占 28%	43
师傅越来越幽默	22	96%	1	4%	23
烦恼人生	6	86%	1	14%	7

　　表 5 - 15 非常直观地呈现出在四部小说中，指示词"这""那"位于关系从句前具有极大的倾向性。

　　唐正大（2008：144 - 147）认为当作为关系从句的 VP 过长时，会增加说者编码和听者解码的难度。因此，需要尽早标记出 NP 身份。而汉语中似乎只能加指示成分、数量词等限定成分来尽早确定名词短语的身份。他为此提出了名词短语身份的尽早确立原则，表示为："尽早 NP"。他认为这一制约条件具有跨语言的普遍性。理由是在线性排列上尽早确认名词短语的身份，Greenberg（1966：87）给出核心前修饰语的优势语序：［指示成分 - 数量成分 - 描述性形容词］。指示成分靠前自然有助于尽早确认 NP。但他同时提出了"尽早 NP"的弊端，容易引起歧义。如在宾语关系化格式前加上指示成分时，我们会不知道指示成分限制的是哪个名词性成分。唐正大通过进一步对口语材料和方言中的关系化现象进行研究后得出结论，认为无论是在分布频率上还是在歧义理论框架下观察，"关内式"（关系从句出现在指示词之后）与宾语关系化的结合都是致命的，难被允许的。因此，总的说来，"关外式"（关系从句出现在指示词之前）应是优势语序。

　　唐正大认为"关外式"作为一种优势语序，而我们的真实语料中显示的结果是"关内式"更为常见。我们有必要对这些实例做进一步的考察。通过仔细分析我们发现，指示词出现在关系从句前的句子呈现出以下一些主要特征：

　　1）被关系化的名词短语在从句中主要充当主语。《骆驼祥子》中有

56句是指示词位于关系从句前，在这其中有52个被关系化的名词短语在从句中都充当主语。《边城》中有30句指示词位于关系从句前，其中有27个被关系化的名词短语在从句中充当主语。《师傅越来越幽默》中22句指示词位于关系从句前，其中有21个被关系化的名词短语在从句中充当主语。《烦恼人生》中有6句指示词位于关系从句前，其中有5个被关系化的名词短语在从句中充当主语。

2）"这""那"出现在关系从句前时与句子的其他成分之间有逗号隔开，"这""那"往往起回指作用。如：

例5－114.

又说到翠翠的父亲，<u>那个 t 又要爱情又惜名誉的军人</u>，在当时按照绿营军勇的装束，如何使女孩子动心。（《边城》）

例5－115.

厂长，<u>那个 t 风度翩翩的中年人</u>，殷勤地把他让到雪青色羊皮沙发上，然后又让女秘书倒水泡茶。（《师傅越来越幽默》）

例句（5－114）中的"那个"回指"翠翠的父亲"。例（5－115）中的"那个"回指"厂长"。

3）关系从句直接出现在判断句"是"之后。如：

例5－116.

那头低得很深，双脚蹭地，跑和走的速度差不多，而颇有跑的表示的，是<u>那些 t 五十岁以上的老者们</u>。（《骆驼祥子》）

例5－117.

顶可怜的是<u>那 t 长而无毛的脖子</u>，那么长，那么秀，弯弯的，愚笨的，伸出老远，像条失意的瘦龙。（同上）

例5－118.

代替了天，使他在日头升起时，感到生活的力量，当日头落下时，又不至于思量与日头同时死去的，是<u>那个 t 伴在他身旁的女孩子</u>。（《边城》）

以上三个实例中的关系从句都出现在判断句"是"之后。

4）关系从句直接出现在介词后。如：

例5－119.

在<u>这个无可抵御 t 的压迫下</u>，他觉出一个车夫的终身的气运是包

括在两个字里——倒霉！（《骆驼祥子》）

例 5 - 120.

设若拉不下来这个买卖呢，那还有什么可说的，一个跟头栽死在那 t 发着火的地上也好！（同上）

例 5 - 121.

祖父一到河街上，且一定有许多铺子上商人送他粽子与其他东西，作为对这个 t 忠于职守的划船人一点敬意。（《边城》）

例 5 - 122.

船总想起家庭间的近事，以为全与这 t 老而好事的船夫有关。（同上）

以上实例显示，关系从句直接出现在介词"在""对""与"等之后。

5）关系从句出现在省略量词的情况下。如：

例 5 - 123.

看着那 t 来来往往的人，车马，忽然想起那两间小屋。（《骆驼祥子》）

例 5 - 124.

曹先生的"人道主义"使他不肯安那 t 御风的棉车棚子，就是那帆布车棚也非到赶上大雨不准支上，为是教车夫省点力气。（同上）

例 5 - 125.

可是这一回，枪毙之外，还绕着一段游街，他们几乎要感谢那 t 出这样主意的人。（同上）

例 5 - 126.

前几天顺顺家天保大老过溪时，同祖父谈话，这 t 心直口快的青年人，第一句话就说：（《边城》）

例 5 - 127.

印家厚不愿意想起老婆那 t 难得和颜悦色的脸。（《烦恼人生》）

在以上（5 - 123）至（5 - 127）的实例中，如果将指示词放在关系从句之后，往往需要加上量词才会使得句子比较通顺。从这一点来看，指示词出现在关系从句前似乎更符合"经济原则"。

我们发现，在指示词位于关系从句后的句子中，如果将指示词调到关系从句前，句子都比较通顺，基本都可以接受。比如我们从四部小说中各提取一个实例来看：

例 5 - 128a.

拉车的方法，以他干过 t 的<u>那些推，拉，扛，挑的经验</u>来领会，也不算十分难。(《骆驼祥子》)

将指示词提到关系从句前，变为：

例 5 - 128b.

拉车的方法，以<u>那些他干过的推，拉，扛，挑的经验</u>来领会，也不算十分难。

例 5 - 129a.

祖父抿着嘴把头摇摇，装成狡猾得意神气笑着，把 t <u>扎在腰带上留下的那枚单铜子</u>取出，送给翠翠。(《边城》)

将指示词提到关系从句前，变为：

例 5 - 129b.

祖父抿着嘴把头摇摇，装成狡猾得意神气笑着，把<u>那枚扎在腰带上留下的单铜子</u>取出，送给翠翠。

例 5 - 130a.

他看到了 t <u>平放在地上的那块床板</u>。(《师傅越来越幽默》)

将指示词提到关系从句前，变为：

例 5 - 130b.

他看到了<u>那块平放在地上的床板</u>。

又如：

例 5 - 131a.

这个名字和 t 他<u>刻骨铭心的那个名字</u>完全不相干。(《烦恼人生》)

将指示词提到关系从句前，变为：

例 5 - 131b.

这个名字和<u>那个他刻骨铭心的名字</u>完全不相干。

上列句子将指示词提前，将其置于关系从句前，句子仍然合乎语法，能被接受。

反之，如果我们将指示词位于关系从句前的句子中的指示词调到关系从句后，很多句子的接受度就会大为降低，尤其是在省略了量词的情况下。如前面提及的实例（5－123）至（5－127）的五个句子中，就不能将指示词后置于关系从句。

此外我们发现，指示词位于关系从句后，往往是出于某种语用上的考虑。就我们观察到的现象：一是为了避免歧义；另一种是为了强调句子的动作或是所处的状态。唐正大（2007：146）也观察到，如果指示词位于关系从句前，容易产生歧义。如下面的句子中指示词出现在关系从句前会产生歧义：

例5－132.

　　　　中国人爱吃饺子→［那些［［中国人爱吃］的饺子］］：符合说话者意图的理解

　　　　→［［［那些中国人］爱吃］的饺子］：园径句或歧义句的理解

如果我们将例（5－132）中的指示词放在关系从句之后，变为"中国人爱吃的那些饺子"，句子就只能有一种解读，不会产生歧义。

指示词放在关系从句之后，另一主要功能似乎是为了突出动作或者是强调某种状态。比如我们前面提到的例句（5－128）中，将指示词置后是为了突出"他干过"这一动作，例句（5－129）中，是突出"扎在腰带上"这一动作。而例（5－130a）是为了强调"木板所处的状态"，例（5－131a）也是为了强调"他对那个名字的刻骨铭心状态"。下面列举的几个实例更能清楚地证明指示词位于关系从句后是为了强调动作：

例5－133.

　　　　就是想起t抢去他的车，而且几乎t要了他的命的那些大兵，也没有像想起她这么可恨可厌！

例5－134.

　　　　她把他由乡间带来t的那点清凉劲儿毁尽了，他现在成了个t偷娘们的人！

例5－135.

　　　　刚吃下去t的那点东西在胃中横着，有点发痛。

例5－136.

　　　　翠翠眼见t在船头站定摇动小旗指挥进退头上包着红布的那个年

青人，便是送酒葫芦到碧溪岨的二老，心中便印着三年前的旧事。

综上所述，我们认为，在汉语的书面语中，指示词位于关系从句前更加符合"经济原则"和"尽早确认 NP 原则"。更加符合我们对汉语名词短语的认知和表达习惯。因此，我们有理由认为，在汉语的书面语中，指示词位于关系从句前是优势语序。指示词出现在关系从句后句子的语义有所改变，往往是为了避免歧义或是为了突出句子要表达的动作或某种状态。

5.8　汉语数量名词短语关系化的篇章分布特征

在汉语中，数词和量词往往连在一起使用，构成数量短语。崔应贤（2002：161 - 162）提到了一种比较复杂的数字表述方法，他将其称为"估约法"。他认为，通常数词的应用大都是具体、简明和特定的。但为了表述的需要，或是言语主体不能确切的把握，此时数词的表达则显现了和通常情况相对的另一面，即不确定的约数。约数的表述方法，除"几""数""若干"等几个词语，如"十几个""数个组织""若干问题"等外，其他的大都是在原来数目的基础上，用添加其他词语、相邻数字重复等形式进行显示，自身反映了数词表述法的复杂化。添加其他词语的方式通常有两种：一种是在数字后面加"多""来""个把""左右""上下""以上""以下""开外"等。另一种是数字前面加上"上""成""近""（大）约"等。我们采纳崔应贤的观点，提取的实例中除了包含具体特定的数词外，也包含这种复杂的数字表述，同时包含刘月华等（2002：131）提到的表示不定数量的量词：些、点儿等构成的结构。

对于数量词位于关系从句前后位置的影响，刘安春（2003：82 - 84）在探讨"一个"的用法时，得出一个观察结果：在多项定语中，在句法条件允许的情况下，可以通过移动"一个"的位置来表达说话人对主观信息和客观信息的主观区分；移到"一个"前面的成分往往是受到说话人特别强调的。也就是说在定中结构中，可以通过将"一个"的位置移动到定语之后的方法，使定语前景化，以引起听话人的注意，进而，把"不满、意外感"等言外之意传达给听者。徐赳赳（2008：4）通过语料发现词数量词位于关系从句前后的使用有两个趋势：一是修饰中心词的数量词和指示代词倾向于出现在关系小句前；二是凡是位于关系小句后的数量词都可挪到关系小句之前，但并非位于关系小句前的数量词都可挪到关系小句后被修饰的中心词前，有些挪到关系小句后要有条件限制。但是徐文并未进一步提出其限制条件。显然，对汉语无定名词短语关系化的探讨远远不够，需要受到更多的关注。

5.8.1　《骆驼祥子》中数量短语关系化的篇章分布特征

我们先来看《骆驼祥子》中的情况。共有 124 个数量名词短语被关系化，具体如下表所示：

表 5-16　　　《骆驼祥子》中数量短语关系化的篇章分布

结构类型	关前	在从句中的句法位置	出现次数	在主句中的句法位置	出现次数	关后	在从句中的句法位置	出现次数	在主句中的句法位置	出现次数	总数
一+量	26	SU	23	DO	17	15	SU	11	DO	12	41
		DO	1	SU	4				OBL	2	
		OBL	1	OBL	4		DO	4	SU	1	
		GEN	1								
不定量词	32	SU	30	DO	30	5	SU	3	DO	3	37
		DO	2	SU	1				SU	1	
				OBL	1		DO	2	OBL	1	
量	33	SU	32	DO	32	0					33
		OBL	1	OBL	1						
数+量	6	SU	6	DO	5	7	DO	5	DO	4	13
				SU	1				SU	2	
							SU	2	OBL	1	
合计	97					27					124

从上表中可以清晰地看出，数量短语位于关系从句前的比例最大，有 97 例。其中，名词短语在关系从句中充当 SU 也占了绝对的优势，共有 91 例。其余充当 DO 的为 3 例，充当 OBL 的为 2 例，充当 GEN 的为 1

例。而名词短语在主句中主要充当 DO，有 84 例。充当 SU 为 7 例，充当 OBL 为 6 例。数量短语位于关系从句后的比例较少，有 27 例。名词短语在关系从句中充当 SU16 例也多于充当 DO 的数量 11 例。而在主句中主要充当 DO，有 19 例，充当 SU 为 4 例，充当 OBL 为 4 例。在这 124 例中，数量名词短语在从句中主要充当的是 SU，有 107 例，其次是 14 例 DO，2 例 OBL 和 1 例 GEN。而在主句中，主要充当的是 DO，有 103 例，其次是 11 例 SU，10 例 OBL。我们分别举一个实例。

数量词位于关系从句前：

例 5-137.

　　他承认自己是 t 世上最有运气的人，上天送给他三条 t 足以换一辆洋车的活宝贝；这不是天天能遇到 t 的事。(SU)

例 5-138.

　　新卸的一堆 t 补路的石块，可是没有放红灯。(OBL)

例 5-139.

　　二十来岁，他已经很大很高，虽然肢体还没被年月铸成一定的格局，可是已经像个成人了——一个 t 脸上身上都带出天真淘气的样子的大人。(GEN)

数量词位于关系从句后：

例 5-140.

　　他对她，对自己，对现在与将来，都没办法，仿佛是 t 碰在蛛网上的一个小虫，想挣扎已来不及了。(SU)

例 5-141.

　　看着自己的青年的肌肉，他以为这只是时间的问题，这是 t 必能达到的一个志愿与目的，绝不是梦想！(DO)

5.8.2 《边城》中数量短语关系化的篇章分布特征

《边城》中有 58 个数量短语被关系化，具体情况如下表所示：

表 5 – 17　　　　　　　　《边城》中数量短语的关系化篇章分布

结构类型	关前	在从句中的句法位置	出现次数	在主句中的句法位置	出现次数	关后	在从句中的句法位置	出现次数	在主句中的句法位置	出现次数	总数
一+量	31	SU	25	DO	19	4	SU	2	DO	2	35
		OBL	3	SU	9		DO	2	SU	1	
		DO	2	OBL	3				OBL	1	
		GEN	1								
不定量词	9	SU	8	DO	6	3	DO	2	DO	2	12
		OBL	1	SU	2		SU	1	SU	1	
				OBL	1				OBL	1	
量	5	SU	4	DO	4	0					5
		GEN	1	OBL	1						
数+量	3	SU	3	DO	1	3	SU	2	DO	2	6
				SU	1		DO	1	SU	1	
				OBL	1						
合计	48					10					58

从上表中我们同样发现与《骆驼祥子》中的现象非常相似，数量名词短语在从句中主要充当 SU，有 45 例，其次是 7 例 DO，4 例 OBL 和 2 例 GEN。在主句中，主要充当 DO，有 35 例，其次是 15 例 SU 和 8 例 OBL。我们各举一个实例。

数量词位于关系从句前：

例 5 – 142.

　　事情业已为作渡船夫的父亲知道，父亲却不加上一个 t 有分量的字眼儿，只作为并不听到过这事情一样，仍然把日子很平静的过下去。（SU）

例 5 – 143.

　　老船夫似乎心中还不甘服，搓着两手走出去，在门槛边一个打草鞋的棒槌，差点儿把他绊了一大跤。（OBL）

例 5 – 144.

　　这里两人把话说妥后，就过另一处看一只顺顺新近买来 t 的三舱船去了。（DO）

例 5 – 145.

脚下穿的是一双 t 尖头新油过的钉鞋，上面沾污了些黄泥。（GEN）

数量词位于关系从句后：

例 5 – 146.

同时 t 停泊在吊脚楼下的一些船只，上面也有人在摆酒炒菜，把青菜萝卜之类，倒进滚热油锅里去时发出吵——的声音。（SU）

例 5 – 147.

那二老仍然的听着，把手中拿 t 的一把弯月形镰刀随意斫削路旁的草木，到了碾坊时，却站住了向他哥哥说：（DO）

5.8.3 《师傅越来越幽默》和《烦恼人生》中数量短语的关系化篇章分布特征

《师傅越来越幽默》中共出现了 59 个带有数量短语的关系从句。具体情况如表 5 – 18 所示：

表 5 – 18　　《师傅越来越幽默》中数量短语的关系化篇章分布

结构类型	关前	在从句中的句法位置	出现频次	在主句中的句法位置	出现次数	关后	在从句中的句法位置	出现频次	在主句中的句法位置	出现频次	总数
一+量	40	SU	34	DO	23	3	SU	2	DO	3	43
		GEN	5	OBL	9		DO	1			
		DO	1	SU	8						
不定量词	7	SU	7	DO	5	1	SU	1	DO	1	8
				SU	1						
				OBL	1						
数+量	4	SU	4	SU	3	2	SU	2	SU	2	6
				DO	1						
量	2	SU	1	DO	2	0					2
		GEN	1								
合计	53					6					59

　　从上表中我们可以清晰地看出，由数量短语与名词短语构成的短语在从句中主要充当 SU，有 51 例，其次是 6 例 GEN 和 2 例 DO。而在主句中主要充当 DO，有 35 例，其余的分别是 14 例 SU 和 10 例 OBL。

　　数量短语位于关系从句前：

例 5 - 148.

　　路过他家附近那个街心公园时，<u>一个 t 追球的小男孩</u>懵懵懂懂地撞到了他的大腿上。（SU/SU）

例 5 - 149.

　　这活儿倒不重，但需要<u>一张 t 能把死人说活的好嘴</u>，而他老丁嘴笨言少，在农机厂里是出了名的。（SU/DO）

例 5 - 150.

　　接着说自己无能，把<u>一家 t 有着光荣历史的工厂</u>办得连年亏损，（SU/OBL）

例 5 - 151.

　　他带来了一条蛇皮袋子，还有<u>一根 t 顶端带铁尖的木棍</u>。（GEN/DO）

　　数量短语位于关系从句后：

例 5 - 152.

　　<u>t 值班的两个民警</u>中有一个正是徒弟的表弟。（SU/SU）

例 5 - 153.

　　山包下边，与人工湖相距不远，是一片墓地，那里埋葬着<u>t 三十年前本市武斗时死去的一百多个英雄好汉</u>。（SU/DO）

　　《烦恼人生》中共有 32 个关系从句中出现了数量短语。数量短语在从句和主句中的具体句法位置分布如表 5 - 19 所示：

表 5-19　　　　　《烦恼人生》中数量短语的关系化篇章分布

结构类型	关前	在从句中的句法位置	出现次数	在主句中的句法位置	出现次数	关后	在从句中的句法位置	出现次数	在主句中的句法位置	出现次数	总数
一+量	15	SU	14	DO	9	3	DO	3	DO	2	18
		GEN	1	SU	3				SU	1	
				OBL	3						
量	7	SU	7	DO	7	0					7
不定量词	4	SU	4	SU	3	1	SU	1	SU	1	5
				DO	1						
数+量	2	SU	2	DO	2	0					2
合计	28					4					32

上表显示，在这 32 例数量短语中，在从句中主要充当 SU，有 28 例，其余为 3 例 DO 和 1 例 GEN。在主句中主要充当的是 DO，有 21 例，其余的是 8 例 SU 和 3 例 OBL。

数量短语位于关系从句前：

例 5-154.

　　　　一股 t 说不出的麻麻的滋味从骨头缝里弥漫出来，他坠入了昏昏沉沉的空冥之中。（SU/SU）

例 5-155.

　　　　四个蹲位蹲了四个 t 退休的老头。（SU/DO）

例 5-156.

　　　　在一个 t 无人的破仓库里，他大口大口喘气，一连几声唤着一个名字。（SU/OBL）

数量短语位于关系从句后：

例 5-157.

　　　　凭空产生 t 的一道幻想，闪电般击中了印家厚，他按捺不住激动的心情。（DO/SU）

我们将四部小说中出现的数量短语关系化的篇章分布情况合计如下：

表 5 – 20　　　　　　四部汉语小说中数量短语关系化的篇章分布

结构类型	关前	在从句中的句法位置	出现次数	在主句中的句法位置	出现次数	关后	在从句中的句法位置	出现次数	在主句中的句法位置	出现次数	总数
一+量	112	SU	96	DO	68	25	SU	15	DO	19	137
		DO	4	SU	25		DO	10	OBL	3	
		OBL	4	OBL	19				SU	3	
		GEN	8								
不定量词	52	SU	49	DO	42	10	SU	6	DO	5	62
		DO	2	SU	7		DO	4	SU	3	
		OBL	1	OBL	3				OBL	2	
量	47	SU	44	DO	45	0					47
		OBL	1	OBL	2						
		GEN	2								
数+量	15	SU	15	DO	9	12	DO	6	DO	6	27
				SU	5		SU	6	SU	5	
				OBL	1				OBL	1	
总数	226					47					273

从上表中我们可以直观地看出数量短语出现在关系从句中的一些特征。首先我们看出，在我们的小说语料中，数量短语以"一+量"的形式出现最为常见，有 137 例。其次是不定量词，有 62 例；再次是单个的量词，有 47 例；最少的是以"数+量"出现的形式，只有 27 例。另一个非常明显的特征是，数量短语出现在关系从句前的比例远远高于出现在关系从句后。有 226 例都出现在关系从句前，只有 47 例出现在关系从句后。在这其中，"一+量"和不定量词出现在关系从句前的比例远远高于出现在关系从句后的情况。以单个量词出现的形式，全部出现在关系从句前，没有一例出现在关系从句后。但是，以"数+量"形式出现在关系前后的差别则不是太明显，位于关系从句前的有 15 例，位于关系从句后也有 12 例。从句法功能来看，数量短语在关系从句中主要充当 SU，高达 231 例，其后依次为 26 例 DO，10 例 GEN 和 6 例 OBL。而在主句中，主要充当 DO，有 194 例，其后依次为 48 例 SU 和 31 例 OBL。

崔应贤（2002：244）认为，数量词在多层定语中位置是比较自由的，但这种情况是以不影响语意内容为前提，在表达效果上却有不同，往往有重心变化、结构趋于严谨、语音更为和谐等方面的原因。唐翠菊（2002：34）认为：

> 数量词一般位于领属性定语之后、属性定语之前，这跟数量词的个体化功能和定语的性质有关。"领属性定语＋中心语"受定语的作用已经实现了个体化，所以不能再受数量词修饰，因而数量词一般不能居于领属性定语之前；"属性定语"一般修饰类名，不能修饰个体化了的"数量词＋名词"，因而数量词一般不能居于属性定语之后。一般性定语介于领属性定语和属性定语之间，数量词的位置可前可后，这样就形成（甲）、（乙）两个同义序列。但是（甲）、（乙）两序列并不是完全意义上的同义序列，二者在名词性成分的可强调性、个体化程度、句法位置等方面存在着一系列的差异。

唐翠菊（2002：32 - 34）以"一支新买的钢笔/新买的一支钢笔"为例，从可强调性，个体化程度，句法位置比较三方面来对比（甲）、（乙）两个序列在句法语义上的差异。在可强调性方面，她认为可以用"这么/那么"来测试（甲）、（乙）两个序列的不同。可以说"这样一支新买的钢笔"和"那么一支新买的钢笔"，而不能说"这样新买的一支钢笔"和"那么新买的一支钢笔"。因此，序列（甲）具有可强调性，而序列（乙）不具有可强调性。从个体化程度来看，唐翠菊认为由于"一支钢笔"是典型的个体化名词短语，"一支新买的钢笔"比"新买的一支钢笔"个体化程度要高。虽然序列（乙）也含有数量词，但由于数量词前还有其他修饰成分，因此（乙）的个体化程度大大减轻了。从句法位置来看，她认为，序列（甲）可以自由地出现在多种句法位置，而序列（乙）则比较受限制。唐翠菊所说的序列（甲）与序列（乙）包含了我们所说的"关前"和"关后"，即数量词位于关系从句前和数量词位于关系从句后。这些学者的研究成果是否可以解释我们语料中呈现的特点，我们来看汉语语料中数量短语位于关系从句前后所呈现的特点：

1) 数量短语位于关系从句前的比例远远高于位于关系从句后的比

例。《骆驼祥子》中出现了 97 个数量短语位于关系从句前的句子，位于关系从句后的只有 27 个句子。《边城》中有 48 个数量短语位于关系从句前的句子，位于关系从句后的只有 10 个句子。《师傅越来越幽默》中共出现了 53 个数量短语位于关系从句前的句子，只有 6 个位于关系从句后的句子。《烦恼人生》中共有 28 个数量短语位于关系从句前的句子，只有 4 个位于关系从句后的句子。

2）在位于关系从句前的数量短语中，该数量短语与被关系化的名词短语一起在从句中主要充当 SU。《骆驼祥子》中有 97 个句子中数量短语都位于关系从句之前，有 91 个短语在从句中充当了 SU；《边城》中有 48 个关系从句中数量短语位于关系从句前，其中有 30 个短语在从句中充当了 SU；《师傅越来越幽默》中有 59 个关系从句中数量短语出现在关系从句前，其中有 46 个短语在从句中充当了 SU；《烦恼人生》中有 28 个数量短语位于关系从句前，其中就有 27 个短语在从句中充当了 SU。

3）数量短语后置于关系从句，除了是为了突出强调某种语法成分外，也是为了避免产生歧义。我们语料短篇小说《烦恼人生》中出现了这样一个例句：

例 5 - 158.

棚子两边立了两只 t 半人高的油桶改装的炉子，蓝色的火苗蹿出老高。

例（5 - 158）中数量词"两只"位于关系从句前，对该句有不同的解读。可以理解成为"由油桶改装的炉子有两只"，也可以理解为"由两只油桶改装成的炉子，可能是一只，也可能是两只"。因此，在这种情况下，为了避免歧义的最好方法就是将数量词"两只"后置于关系从句，将句子变为"棚子两边立了油桶改装的两只半人高的炉子"后就不会产生歧义。由此我们认为，数量词后置于关系从句一个重要的功能，是为了避免歧义。

5.9　小结

这一章主要考察了英汉关系从句的篇章分布特征。通过对英语语料 *Martin Eden* 和 *Tess* 中提取的关系从句进行探讨，考察了先行词的有定性与无定性在限定性与非限定性关系从句中所承担的句法功能以及对关系代词/副词的影响。我们语料所呈现的情况是，无论是在限定性关系从句还是在非限定性关系从句中，有定名词短语充当先行词的比例要高于无定名词短语，并且无论是在限定性关系从句中还是非限定性关系从句中，无论是有定名词短语还是无定名词短语，在从句中充当主语的概率最大，先行词的有定性与无定性对关系代词/副词的选择没有太大影响。由于我们将 to 后面的成分以及由 where 和 when 修饰的成分都视为旁语，因此我们语料中呈现出关系从句在主句中充当的最多的句法成分为旁语。此外，英语小说语篇中限定性关系从句出现的比例要远远高于非限定性关系从句。

我们在《骆驼祥子》和《边城》中观察到的有定名词短语和无定名词短语关系化的篇章分布特征为：被关系化的有定名词短语的比例要高于无定名词短语；无论是有定名词短语还是无定名词短语，最容易被关系化的是主语，其后依次为宾语，旁语和属格语。关系从句在主句中充当最多的是也是主语，其后依次是宾语，旁语和属格语。此外，对汉语四部小说《骆驼祥子》、《边城》、《师傅越来越幽默》和《烦恼人生》中指量短语与数量短语被关系化后在篇章中的分布情况进行了考察。呈现的情况是：无论是带有指示代词"这""那"标识的有定名词短语，还是带有数量词标识的无定名词短语，在从句中充当主语的概率要远远高于充当其他句法成分。而且指示代词和数量词出现在关系从句前是一种优势语序，指示代词和数量词出现在关系从句后往往是为了达到某种语用目的，比如为了避免产生歧义，为了突出动作或者是某种状态。而指示词位于关系从句的前后位置是否对关系从句的功能体现产生影响，这是我们下面一章要探讨的问题之一。

第六章 英汉关系从句形式与功能之间的异同

胡裕树，范晓（1993：7-11）认为语法研究中的语义平面，是指对句子进行语义分析。句中词语与客观事物（符号与内容）之间也有一定的关系，这种关系是属于语义的（semantical）。任何一个句法结构都有形式和意义。研究语法，应该从形式出发去发现意义，也就是通过句法结构的分析去深入了解句子内部的语义关系；并通过语义结构的分析来进一步了解句法关系的同异，从而替句法结构作更精密的描写。他们认为从形式上或结构上寻找语义，具体地可以从以下三个方面来进行：

1）从语言材料的类别（词类及其次范畴）上加以说明；

2）从句法关系上加以说明；

3）从词语的选择上加以说明。

名词性词语"有定""无定"的分别，也属于语义平面的，以名词性词语为核心构成的偏正结构（定心结构）来说，对充当定语的词语也可进行语义解释，通常认为，它们与后边的名词性词语之间的语义关系表现为修饰性的或限制性的，或者可具体分为三种：一种是领属性的，如"祖国的山河""鲁迅的作品"；二是描写性的，如"蓝蓝的天""竹壳的热水瓶"；三是同位性的。如"人民教师的光荣称号""学习雷锋的好榜样"。这种"领属性""描写性""同位性"的意义，也是从句法结构中获得的，这样的分析也属于语义平面的分析。

此外，还要研究人们怎样运用词语组成句子相互进行交流，也即要研究语用。他们认为语法分析中的句法分析和语义分析只停留在对语法进行静态的分析和描写。而语用因为偏重于讲表达，因此语用分析是动态的分析。

我们在前面一章分别探讨了英汉关系从句在篇章中的分布特征，主要进行的是句法层面的分析，这一章我们将对关系从句的语义与语用进行分析。试图找出英汉关系从句形式与功能之间的异同。首先简要介绍到目前为止国内外学者对英汉关系从句功能的不同认识，对争论的焦点进行一一梳理。将梳理后的争论焦点作为我们进行验证的假设，采用对比功能分析的理论框架和步骤，通过我们的语料和内省知识对这些假设逐一进行验证，提出较为合理的、可证伪的结论。对英汉关系从句形式与功能的异同进行考察。本章采用 Chesterman（1998）所提出对比分析的步骤：

1）原始语料的收集；

2）对比的标准和相似的制约条件；

3）问题的提出和初始假设；

4）检验假设；

5）修正假设，得出可证伪的结论。

具体步骤为：选择了英汉小说语料作为进行研究的原始语料。对比的标准是英汉语中都存在对名词短语进行关系化操作的句法手段。以英汉关系从句中存在的争论焦点为初始假设。通过提取英汉小说语料中的关系从句，对初始假设进行检验，得出可以进一步进行验证的结论。

6.1　文献梳理

西方传统语言学将定语分为限制性修饰语（restrictive modifier）和非限制性修饰语（non-restrictive modifier）。Givón（1990，1993）认为前者的功能在于限制、缩小中心语事物名词的范围米确定其指称，具有对比性；后者是对中心语事物的属性进行描述，不具备对比性。英语中的关系从句（传统中称作定语从句）分为限制性和非限制性两类。到目前为止，对这两类关系从句的区分的标准有两个：一个是从形式上来看，主从句之间是否有逗号隔开；没有逗号隔开的就是限定性关系从句。另一个是从意义上来看，中心语与关系从句是否可以分离，分离后是否会影响对中心语的确认。限定性关系从句通过对中心名词下定义或限制其所指以便确认，是中心名词不可分割的部分。非限定性关系从句对中心名词起补充或解释作用，即使删除也不影响其语义的完整性。Quirk（1985）

和章振邦（2000）等学者对中心语后接限定性关系从句和非限定性关系从句的情况进行了如下概括：（1）表示独一无二的事物的名词不能接限定性关系从句；（2）非名词性中心语不能接限定性关系从句；（3）带有表类别的不定冠词的名词通常接限定性关系从句；（4）带有 all，any，every，no 等不定限定词的名词通常接限定性关系从句等。

　　然而，在我们的小说语料中出现的关系从句的情况并不完全遵守上述原则。比如，专有名词后也会出现限定性关系从句的情况。可见，对这种现象需要进一步进行分析。此外，还有学者提出英语的限定性关系从句并非完全同质。中心语是有定名词或是无定名词，其后紧跟的关系从句的功能是有所区别的。如 Li&Thompson（1981：611）将以无定名词短语作为中心语的关系从句称为描写子句，将其特征描述为：（1）第一个动词的直接宾语总是无定的；（2）第二个子句对该名词词组提供附带描述。认为应将这一结构看作是引介句，其语篇功能是"引入或介绍一个对之作出描写的名词词组。"有的学者甚至认为英语非限定性关系从句不是中心名词的成分而是另一个主句，如 Ross（1967），Sells（1985a，1985b），Demirdache（1991），De Vries（2002）。其中 De Vries（2002）明确提出了非限定性关系从句的"孤儿身份"（orphanage）（转自杨彩梅，2009：205）。杨彩梅（2009）认为非限定性关系从句内的名词短语无法关系化得到可接受的复杂名词短语，而限定性关系从句中的名词短语却可以。此外，学者们对于汉语中的句法与语义是否匹配存有争议。杨彩梅（2011：814）认为，用"NP-DP-VP-省略"这种形式手段可以证明无论英语关系从句还是汉语关系从句都有句法上的限制性与非限制性区别来与语义上的该区别相匹配。并提出限制性与非限制性句法区别存在于隐性句法而非显性句法中。而韩景泉、周敏（2012：212）对此持反对意见。他们认为汉语存在限制性与非限制性关系从句，但对其界定不能采用任何句法区别手段，只能用句法－语义不匹配分析法，因为这两者有相同的句法特征和生成机制，只存在语义上的区别而并没有任何显性形式句法上的差异。

　　综合上述观点，我们可以看出，对英语关系从句的争论焦点主要集中在以下这三个方面：

　　1）中心语为专有名词或代词后的关系从句是否具有限定性；

2）中心语为有定名词或无定名词的限定性关系从句是否有语义上的差别；

3）关系从句限定与非限定性的区别在句法与语义上是否匹配。

我们将以上这三个争论的焦点作为个假设1，2，3，在接下来的章节里对其逐一进行验证。

由于汉语没有显性形态标记，对汉语关系从句功能体现的研究，至今没有达成共识。有的学者认为汉语关系从句没有限定与非限定之分。屈承熹（2005：333）认为汉语中的关系从句本身没有"限定性"与"非限定性"之分，之所以有这样两种解释是因为中心语之前的"这"或"那"的不同功能所致。石定栩（2010：323）认为汉语的各种定中结构都表示事物的集合，中心语表示一个集合，整个定中结构表示其中的一个子集，所有的定语因此都是限定性的。更多的学者认同汉语的关系从句有限定性与非限定性之分。但对关系从句功能争论的一大焦点依然停留在赵元任在1968年所著《汉语口语语法》一书中谈到的限定性和描写性的问题。赵认为，如果有一个区别修饰语（D-M）和一个别的修饰语，次序决定它是限制性还是描写性。如

（a）那位戴眼镜的先生是谁？——"戴眼镜儿的"是描写性的。

（b）戴眼镜的那位先生是谁？——"戴眼镜儿的"是限制性的。

但是，他同时指出，如果在（a）的"戴眼镜儿的"上加上对比重音，它就变成限制性的，与（b）相同。

针对这一观点，学者们从不同视角对其进行了阐释。陈宗利和温宾利（2004：76）认为汉语关系从句的限定性与非限定性之分并非取决于句法因素，而是取决于音系因素——对比重音：带对比重音的是限定性的，否则是非限定性的；刘丹青（2005：204）认为汉语关系从句主要是限定性的，非限定从句的内容多用复句表达；曹逢甫（2005：334）认为汉语的非限定性关系从句似乎处在边缘地位，在含有无定名词词组中心语的非识别性关系子句中，无定中心语名词词组在汉语中成为一个由引介句引入的名词词组主题，然后要由后续子句对其作出评述。文旭，刘润清（2006：111）认为汉语的限定性与非限定性关系从句之分主要取决

于说话人在心理上赋予关系从句和中心语什么样的地位。汉语关系从句与中心语之间的语义关系较复杂，涉及关系从句的限定性和非限定性，以及中心语的有定与无定，有指称功能还是没有指称功能等问题。唐正大（2007：139）区分了有准备的书面语材料和无准备的自然口语材料，在此基础上统计分析了"关内式"即［指示成分－关系从句－核心名词］和"关外式"即［关系从句－指示成分－核心名词］这两种关系化结构的使用条件，指出"关内式"中的关系从句是非限制性的，"关外式"中的是限制性的。并且指出用可表复数意义的名词短语做核心名词，限制性/非限制性与"关内式/关外式"之间不是一一对应的关系。杨彩梅（2009：211）认为汉语关系从句有限制性和非限制性的区别，其限制性、非限制性取决于中心名词的"可缩小性"、"不可缩小性"。后者由中心名词所在语境的语义或语用特征决定。

本文作者同意大多数学者的观点，认为汉语的关系从句有限定性和非限定性之分。关系从句既然作为"定语"家族的一大成员，其性质应该具有定语的属性。一般来说，定语可区分为限定性和描写性两类。限定性定语是从数量、时间、处所、归属、范围等方面来说明中心语的；描写性定语是从性质、状态、特点等方面来描写中心语的（王珏，2001：296）。在我们小说语料中出现的关系从句充分证明了这一点。我们语料中有大量充当限定性功能的关系从句。如：

例6－1.

　　　　管船人却情不过，也为了心安起见，便把这些钱托人到茶峒去买茶叶和草烟，将茶峒出产 t 的上等草烟，一扎一扎挂在自己腰带边，过渡的谁需要这东西必慷慨奉赠。（《边城》）

关系从句"茶峒生产的"对中心语"上等草烟"的归属进行了限定。又如：

例6－2.

　　　　祥子有主意：头一个买卖必须拉个 t 穿得体面的人，绝对不能是个女的。（《骆驼祥子》）

关系从句"穿得体面的"对中心语"人"进行限定，缩小了中心语的指称范围，如果删除关系从句，就会造成语义上不合法的句子。

除了充当限定性功能的关系从句外，我们的语料中也出现了典型的充当非限定性功能的关系从句。以下是小说《师傅越来越幽默》中出现的实例：

例6－3.

这是他的t身为农民的爹给他取名时的美好愿望。

例6－4.

想到此他不由地开颜而笑，吓了t在一旁剥花生的老妻一跳，

以上两句中，从语用功能来看，关系从句"身为农民的"只可能是对"爹"进行修饰；同样，关系从句"在一旁剥花生的"也只能是对"老妻"进行修饰而非限定。

我们在肯定汉语关系从句具有限定性与非限定性的区别的前提下，再来总结国内外学者对汉语关系从句限定性与非限定性的界定标准，我们发现争论的焦点主要体现在以下三个方面：

1）中心语为专有名词或代词后的关系从句是否具有限定性；

2）指示代词与关系从句的前后位置与汉语关系从句功能差异的关系；

3）关系从句限定性与非限定性的区别在句法与语义上是否匹配。

我们同样将以上争论的焦点作为三个假设，在下面的章节中将分别对其进行逐一论证，从而剖析英汉关系从句形式与功能的差异。

6.2 英语中存在的争论焦点

6.2.1 专有名词或代词后的关系从句是否具有限定性

我们这一节首先来探讨英语中被关系化的名词为专有名词或者代词的情况。根据绝大多数学者的观点，无论是在英语中，还是汉语中，如果被关系化的名词短语是指别性非常高的专有名词或代词时，关系从句只能起描写而非限定的作用。这也是我们要进行验证的假设1。

我们依托语料中的实例，首先来看英语中的情况。在我们提取的 *Martin Eden* 的463个关系从句中，出现了20句中心语为专有名词或代词的关系从句。其中有15句是以非限定性关系从句的形式出现的，如：

例6－5.

But she, *who knew little of the world of men*, being a woman, was keenly aware of his burning eyes.

例 6 - 6.

He was more at ease than that first night at dinner, nearly a year before, and his shyness and modesty even commended him to *Mrs. Morse*, *who was pleased at his manifest improvement.*

例（6 - 5）和（6 - 6）的中心语分别为代词 " she " 和 "Mrs. Morse"，其后出现的都是非限定性关系从句。

但在这 20 个句子中，下列 5 个句子是以限定性关系从句的形式出现的。

例 6 - 7.

"Mr. Eden," was what he had thrilled to-*he who had been called* *"Eden," or "Martin Eden," or just "Martin," all his life.*

例 6 - 8.

The placid poise of twenty-four years without a single love affair did not fit her with a keen perception of her own feelings, and *she who had never warmed to actual love was unaware that she was warming now.*

例 6 - 9.

The men of literature were the world's giants, and he conceived them to be far finer than *the Mr. Butlers who earned thirty thousand a year and could be Supreme Court justices if they wanted to.*

例 6 - 10.

They talked first of the borrowed books, of *the Swinburne he was devoted to*, and of *the Browning he did not understand*;

以上五个句子中出现的中心语分别是：代词 she 和 he，以及三个由 "the" 加人名的名词短语：the Mr. Butlers，the Swinburne 和 the Browning。英语中在人名前加定冠词 the 的情况一般有以下几种：一种是转化为类名词的人名前通常可以加 " the "，如 " the Shakespeare of China "，意思是 "中国的莎士比亚"；一种是表示替代某人的作品，如我们的例句中出现的 " the Swinburne " 和 " the Browning " 分别表示的是 "史文朋的作品" 和 "勃朗宁的作品"；还有另外一种情况是，"the" 加上 "复数姓氏" 一般被认为是代表某姓氏的一家人。我们认为，这一用法同时还可以表示这一姓氏所具有的相同特征的某些人。比如我们例句（6-9）中出现的"the Mr. Butlers"就表示"布特莱先生之流"，同样其后可以出现限定性关系从句。让我们感到疑惑的是代词后面出现限定性关系从句的情况。经过仔细分析我们发现，关系代词后出现限定性关系从句的原因与普通名词后出现限定性关系从句的原因一样，为了缩小指示范围以便能更好地识别，同时含有对比之意。如例句（6-7）想要表达的意思是：他之所以感到激动是因为以前他都被人家叫作"伊登"，"马丁·伊登"或者仅是"马丁"，而现在却被尊称为"马丁先生"。我们可以这样理解，这个句子中的"他"有两个指称对象，一个是现在被尊称为"马丁先生"的他，另一个是一向被人们随便叫唤为"伊登"，"马丁·伊登"或是"马丁"的他。因此，从语用功能来看，代词"he"后出现的限定性关系从句是为了进行对比，以示区别之意，并非只是简单地对"he"进行描写。

另外一个实例（6-8）中代词"she"后用限定性关系从句也是出于与例（6-7）同样的考虑。这个句子中的"她"同样有两个指称对象。一个是"从来没有被真正的爱情激起过热情来的她"，另一个是"正在被激起热情来的她"。用限定性关系从句也是为了进行对比以示区别。

在我们提取的 *Tess* 中的 275 个关系从句中，出现了 10 句中心语为专有名词或代词的关系从句。其中有 9 个专有名词或代词之后出现的是非限定性关系从句，实例如下：

例 6-11.

　　Tess, who was reaching up to get the tea-things from the corner-cupboard, did not hear these commentaries.

例 6-12.

　　It was *Alec d'Urberville, whom she had not set eyes on since he had conducted her the day before to the door of the gardener's cottage where she had lodgings.*

在这 10 个句子中，有一个句子中心语后出现了限定性关系从句：

例 6-13.

　　Verily another girl than the simple one she had been at home was *she who, bowed by thought, stood still here, and turned to look behind her.*

例（6-13）中的代词"she"同样暗含了两个指称对象。一个是"以前没有出过门时的单纯的她"，而另一个是"现在满怀心事的她"。用限定性关系从句也是为了进行对比以示区别。

这样的用法并不少见。也并非如同有些学者认为的那样，仅用于比较正式的文体中或者是比较古旧的用法。我们对当代美国英语在线语料库（http：//corpus. byu. edu/coca/）（该语料库汇集了1990-2012年的450million个单词）进行了搜索，输入"she who"后，搜到了346个例句。我们发现，其中除了以 it is（was）she who…强调句出现的情况外，也有许多限定性关系从句出现在代词"she"后的实例。我们提取了以下5个例句：

例6-14.

　　Lust did not enter the picture; she who belonged to the Great Mother had long ago abrogated lust as demeaning. （ Wilson, Cintra. 2007, Colors insulting to nature：a novel, New York：Simon & Schuster, Edition：1st Simon & Schuster hardcover ed. ）

例6-15.

　　She told herself that she who hesitates is lost, and that it couldn't hurt to call, and then she walked over to the phone and punched in the number. （ Miller, Linda Lael. 2005, Pirates, New York：Pocket Books）

例6-16.

　　She who could once sculpt audiences to her will had become mediocre. （Richard A Lovett. 2004, DISTANT FIRE, Analog Science Fiction & Fact）

例6-17.

　　If female desire is pre-Oedipal, it is infantilized; she who desires will never develop into a subject. （ Wallace, Honor McKitrick, 2000, Desire and the Female Protagonist：A Critique of Feminist Narrative Theory. Style, Summer2000, Vol. 34 Issue 2, p176, 12p）

例6-18.

　　She who cowers before life will laugh in the face of heaven. （Brian

Booker，2005. Sequelæ，The Antioch Review. Vol. 63，Iss. 1；pg. 122，
2 pgs）

我们在同一语料库中查询 he who，得到495个实例。同样，这样的结
构除了较多地是出现在 it is（was）he who…强调句型中以外，也有许多
在代词"he"后出现限定性关系从句的例子。我们也提取出了5个实例：
例6－19.

He who could save us is almost always too late，almost never on
time. （Donatich，John. 2012，The variations：a novel，New York：
Henry Holt and Co. ，Edition：1st ed. ）
例6－20.

There's a saying：he who stomachs the bitterest bitterness is alone a
man over men. （Sparling，Bret. 2008，Buying In：Views from Entry
Level. Chicago Review，Summer2008，Vol. 53/54 Issue 4/1/2，p160 -
182，23p）
例6－21.

He who has rarely been out the province of Ontario knows about rivers
in Asia and ancient boundaries in the Middle East. （Alice Munro. 2006，
HOME：a story，The Virginia Quarterly Review. Vol. 82，Iss. 3；
pg. 108，22 pgs）
例6－22.

He who was unknown to himself now had to tell the doctors to remove
the ventilator from this woman who knew herself so well，who had
swallowed cyanide knowing that it would suffocate her，would warp her
body with agony，would carry her off without return. （Trenton Lee
Stewart，2003. Moriah，New England Review. Vol. 24，Iss. 2；pg. 52）
例6－23.

He who began in "activity and speech " ends in " passivity and
silence，" and the people are left on their own. （Madsen，
Catherine. 2001，Notes on God's Violence. Cross Currents. Summer2001，
Vol. 51 Issue 2，p229，28p）

从以上所列举的10个例句中可以看出，在英语中，指别度最高的人

称代词后同样可以出现限定性关系从句。

由此，我们可以对英语中争论的焦点 1（即专有名词或代词之后是否可以出现限定性关系从句）给出我们的验证结论。在英语中，如果中心语为专有名词或者代词，其后最常出现的是非限定性关系从句，但是，如果是为了进行对比以示区别之意，则会出现限定性关系从句。此时，专有名词和代词与普通名词一样，可以将其视为一个含有不同子集的集合。

6.2.2 中心语为有定名词或无定名词的限定性关系从句是否有语义上的差别

我们在前一节中已经论证了英语中关系从句在修饰专有名词或者代词时，其后出现的关系从句主要具有描写功能，但如果是为了突出对比以示区别，那么其后出现的关系从句就是限定功能。这一节中，我们主要探讨的是除了专有名词和代词以外的有定名词短语和无定名词短语，其后的限定性关系从句是否有语义上的差别，这也是我们要进行验证的假设 2。

有的学者提出限定性关系从句并非完全同质。认为中心语是有定名词或是无定名词，其后紧跟的关系从句的功能是有所区别的。曹逢甫（2005：330）认为英语的有定名词和无定名词关系化后的语义功能有差别，有定名词短语为中心语，表达的是已知信息，其后的限定性关系从句的主要功能是限定中心语的范围以便确认（identify）。而无定名词短语作为中心语表达的是新信息，其后的限定性关系从句的主要功能更多是为了陈述，断定功能（assertive function）更强。余玲丽（2005：57）认为下列两例中的关系从句功能有差异：

例 6 - 24.

This is *a scalpel which is used by surgeons*；

例 6 - 25.

This is *the scalpel which is used by surgeons*.

她认为在例（6 - 24）中，中心语表达的是新信息，并不提示已知信息。为了明确其信息状态，在翻译成汉语时，必须在中心语前加上标记词"一把"表示此信息为新信息，用来描述听话者不熟知的事物"

scalpel",也就是非限定性关系从句。而在例（6－25）中，中心语表达的却是已知信息。不管信息状态如何，因为中心语位于断言部分可断定其信息值是高的。翻译成汉语时，为了表明其信息状态，必须在中心语前加上标记词"那把"表示此信息为已知信息，即限定性关系从句。译成汉语分别如下：

例6－26.

　　　　这是一把外科医生用的手术刀。

例6－27.

　　　　这是外科医生用的那把手术刀。

　　学者们基本认可有定名词短语充当中心语时，表达的是已知信息；而无定名词短语作为中心语表达的是新信息。我们在第五章中曾对英语中的中心语为有定和无定名词短语关系化后的特征进行了考察。我们曾得出以下结论：

　　1）在限定性关系从句中，充当先行词的有定名词短语的数量要高于无定名词短语。从我们语料所显示的情况来看，在英语中被关系化的有定名词短语的比例要高于无定名词短语。《马丁．伊登》中有229个有定名词短语被关系化，占总数377个限定性关系从句中的61%；充当先行词的无定名词短语有148个，占总数的39%。在《苔丝》中，有186个有定名词短语充当了先行词，占总数275的68%，有89个无定名词短语充当了先行词，占总数的32%。

　　2）无定名词短语充当先行词时，在从句中作SU的比例要高于有定名词短语在从句中作SU的比例。《马丁．伊登》中无定名词短语充当SU的比例为65%，有定名词短语为（35%）。《苔丝》中出现的情况相似，无定名词短语在从句中充当SU的比例也高于有定名词短语在从句中充当SU的比例。

　　3）无论是有定名词短语还是无定名词短语充当先行词，关系代词/副词的选择上没有明显的区别。

　　在以上的三点结论中，我们可以从第三点中看出，英语中有定名词短语或无定名词短语充当中心语时，采取的关系化策略没有区别。结论第一点提到英语有定名词短语被关系化的比例要远远高于无定名词短语的比例。为何会出现这样的情况，是否与有的学者提出的观点（英语中有定名词短语与无定名词短语为中心语其后的限定性关系从句不同质）相关联。我们需要对这些限定性关系从句进一步进行考察。

首先来看学者们对限定性的理解。霍金根（1993）先生认为区别限定性关系从句与非限定性关系从句的关键在于关系从句与其中心语（霍先生将其称为先行项）的语义关系；是限制中心语的所指意义还是对中心语仅起补充说明作用。前者在语义上与中心语结为一体不可分割；如果舍去，中心语便不能表示其所指对象，这就是限定性关系从句。如果关系从句对中心语的所指意义并不起限制作用，那就是非限定性关系从句。

Keenan & Comrie（1977）认为，尽管限定性和非限定性关系从句的句法结构相似，但在语义或语用方面却截然不同。具体来看，限定性关系从句用预设的信息识别一个名词短语的所指对象；非限定性关系从句则是在假设所指对象已经能够识别的基础之上提供新信息的一种方式。然而，从类型学的角度来看，这种区别几乎完全不相关。因为限定性与非限定性关系从句的形式区别只是零星出现在一些语言中，大多数语言大概或者根本没有形式上的区别，或者只是在关系从句与中心语连接的地方有语调的区别。

薄冰（1990：784 - 785）认为，限定性关系从句不可缺少，否则会影响全句的主要思想，从句前面一般不用逗号；非限定性关系从句如果缺少了，也不会影响全句的主要思想，前面一般皆有逗号。非限定性关系从句实质上其功能相当于一个分句，这种从句常被唤作接续性从句（continuative clause）。

总结以上学者的观点，我们可以看到学者们普遍认可的限定性关系从句具备的基本特点：

1）限制/缩小中心语的所指对象；

2）不可或缺。

我们来检验中心语为有定名词短语和无定名词短语时，限定性关系从句是否都具备这两个特点。我们首先从《马丁·伊登》中提取几个实例来进行考察。

例 6 - 28.

The women he had known did not shake hands that way.

例（6-28）中有定名词短语"the women"后出现的关系从句"he had known"明显缩小了中心语的指称，如果去除，我们将无法获知中心语的所指范围，是不可或缺的。

例6-29.

Also, with quick, critical eye, she noted a scar on his cheek, *another that peeped out from under the hair of the forehead*, and *a third that ran down and disappeared under the starched collar*.

例（6-29）中出现了两个中心语都是无定名词短语的关系从句。第一个关系从句增强了中心语"another"的指别，如果删除将影响对中心语的辨识。第二个关系从句限定了中心语"a third"的所指范围，如果删除将同样影响对中心语的辨识，因此也是不可或缺的。

例6-30.

He wore *rough clothes that smacked of the sea*, and he was manifestly out of place in *the spacious hall in which he found himself*.

我们来看例（6-30）中的情况。这个句子中含有两个关系从句，一个修饰无定名词短语，一个修饰有定名词短语。修饰无定名词短语"rough clothes"的限定性关系从句"that smacked of the sea"虽然缩小了中心语的所指，但是限定性没有那么明显，更像是起到补充说明的功能，从句并不是不可或缺。而修饰有定名词短语的"the spacious hall"的限定性关系从句"in which he found himself"则是非常明显地起到限定的功能。

我们再从 *Tess* 中抽取一些实例来考察。

例6-31.

The basket was heavy and the bundle was large, but she lugged them along like *a person who did not find her especial burden in material things*.

例6-32.

It had troubled her mind occasionally, till her companions had said that it was *a fault which time would cure*.

我们特意抽取了例（6-31）和（6-32）这两个含有不同性质的无定名词短语的句子，一个是具体的有生命的"a person"，一个是抽象的无生命的"a fault"，我们发现其后的限定性关系从句功能完全一致，都是缩小名词短语的所指范围，并且不可或缺。再来看下一个例句：

例 6 – 33.

There was *a dreaminess*, *a preoccupation*, *an exaltation*, *in the maternal look which* the girl could not understand.

例（6 – 33）中限定性关系从句 "which the girl could not understand" 虽然也缩小了无定名词短语 "a dreaminess, a preoccupation, an exaltation, in the maternal look" 的范围，但其限定性没有那么强，也可以认为限定性关系从句是对无定名词短语进行补充说明，并非不可或缺的。

从例（6 – 28）至（6 – 33）中我们可以看出，在英语中，有定名词短语其后的限定性关系从句有明确的限定功能，旨在缩小中心语的范围，是不可或缺的。而无定名词短语后的限定性关系从句，其主要功能虽然也在于限定、缩小中心语的范围，主要功能是提高无定名词短语的识别度，但有时限定性关系从句的功能也可能是补充说明信息，并非是完全不可或缺的。为什么会出现这样的情况，我们认为应该是与中心语的不同属性相关联。

章振邦（1995）认为英语的冠词可分为特指用法与类指用法。而特指用法又可以分为确定特指（definite specific reference）和非确定特指（indefinite specific reference）。定冠词与指示词 this/that 一样，确定特指为其基本的表意功能。而不定冠词的"特指"是非确定特指，即所指虽是特定的人或物，但所指人或物的品质和特征并没有具体指明。因此，带不定冠词的名词词组常常带有不确定含义，有待进一步叙述，即使随后带有限制性修饰语，也不过是把所指范围缩小，没有根本改变其非确定特指的性质。零冠词的"特指"主要是非确定特指，但有时也可能是确定特指。其中，零冠词与不可数名词或复数可数名词搭配，表示非确定特指含义。我们认为，在零冠词与不可数名词或复数可数名词搭配之后出现的限定性关系从句，的确是缩小了其所指范围，增加了辨识度，但没有根本改变其非确定特指的性质。

章振邦的观点对我们解释有定名词短语与无定名词短语从充当中心语时其后的限定性关系从句有所不同启示很大。不定冠词或者零冠词与名词搭配后形成的无定名词短语带有不确定含义，其后出现的限定性关系从句虽然具有缩小其所指范围，增加识别度的功能，但由于没有改变其不确定含义，因此其后的关系从句往往还具有补充说明的功能。而定冠词与名词短语搭配构成的有定名词短语，或者说指称度本身比较高的专有名词、代词等，其后出现的限定性关系从句不需要对中心语再进行补充说明，它的功能就只有限定或缩小有定名词短语的指称范围。我们可以这样认为：在英语中，修饰有定名词短语的限定性关系从句是最典型的限定性关系从句，因为在有定名词短语之后出现的限定性关系从句，完全具备限定性的两个功能：缩小范围和不可或缺。修饰无定名词短语的限定性关系从句不是最典型的限定性关系从句，因为在无定名词短语后出现的限定性关系从句，主要功能在于提高无定名词短语的识别度，有时并非不可或缺。由此可以解释，为何在我们的两部英语小说语料中，有定名词短语充当中心语的比例要远远高于无定名词充当中心语的比例。同时可以解释为何 Keenan & Comrie（1977）和很多其他类型学家会将研究局限于中心语为有定名词短语的关系从句之中。

通过以上验证，我们可以对英语关系从句的争论焦点 2 提出我们的结论。我们认为，中心语为有定名词和无定名词时，其后的限定性关系从句的功能有一定差别，这是由有定名词短语和无定名词短语的属性差异造成的。有定名词短语具有确定特指的功能，因此其后的限定性关系从句不需要对其进行补充说明，只能起到缩小范围的限定作用，而无定名词短语往往具有不确定性，需要进一步对其进行补充说明，因此其后的限定性关系从句除了限定其指称范围外，有时也需要具有补充说明的功能，而且有时其后的关系从句可以省略。修饰有定名词短语的限定性关系从句是英语中最典型的限定性关系从句。

6.2.3　关系从句限定与非限定性的区别在句法与语义上是否匹配

我们要进行验证的假设 3 为，英语关系从句限定与非限定性的区别在句法与语义上是否匹配。文献中普遍认为，英语关系从句在书写和语音上存在 RRC-NRC 的区别。学者们大致认同英语的限定性与非限定性关系从句在句法和语义上是匹配的。NRC 与先行词中心语之间有逗号和逗号调，而 RRC 与先行词中心语之间没有；语义上也有 RRC-NRC 的区别。RRC 对中心语往往限定范围以示区别，而 NRC 只对中心语起到补充说明的功能，如果去除，也不影响对中心语的辨识。如 Jackendoff（1977）、de Vries（2006）、杨彩梅（2010）等学者都认可英语的关系从句限定性与非限定性在句法与语义上互相匹配。但是，有学者提出了不同的意见。认为英语关系从句的限定性与非限定性在句法与语义上并不匹配。如卢丽萍（2010：170）就认为非限定性关系从句不一定只是起到补充说明的功能，也有可能起到确定范畴的功能。她举了下面这一例句：

例6-34.

　　　　Once he piped up *a kind of country love-song*, *that he must learned in his youth.*

卢丽萍认为该例句从形式上看是典型的非限定性关系分句（有逗号与中心语隔开），但是从范畴划分角度看，这一关系从句一方面可看成对中心名词"a kind of country love-song"起着确认其范畴概念的作用，因为听话者不能识别乡村情歌的所指，于是说话人用关系从句进一步限定这个范围是"那首年轻时学的乡村情歌"；但从另一面，这个关系从句也可以看成是对中心名词的一种补充说明，并不是确认其范畴。

曹明伦（2011：84）指出，在现代英语中，关系从句前加不加逗号并非判断限制性或非限制性的唯一标志。在现代英语中，既会碰到非限定性关系从句前不加逗号的情况，也会遇上限定性关系从句前加逗号的情况。

例6-35.

　　　　Will you buy me *a magazine that I can read on the journey*?

例6-36.

　　　　Nature, *which Emerson says* "*is loved by what is best in us*," *is all about us.*

他认为例（6-35）句中的关系从句与中心语之间虽然没有逗号隔开，但关系从句是起补充说明的作用；而例（6-36）句中的关系从句与中心语之间虽然有逗号，但关系从句是对中心语进行修饰。因此他将这两个句子分别译为：

例6-37.

　　　　你能给我买本杂志吗？我好在路上读读。

例6-38.

　　　　爱默生说的这个"被人类至善至美之心所爱的自然"就环绕在我们周围。

贾德江（2003：43）也认为，现代英语中常可碰到非限定性关系从句前不加逗号的情况，因此不能单纯地以它来判断是不是非限定性定语，主要还是要从意思上来进行判断。把有无逗号与中心语隔开作为限定性与非限定性关系从句区分的唯一标准显得过于简单化和绝对化，容易给语法学习者造成只注重形式而忽视语义内涵的倾向。

我们发现一个比较有趣的现象是，大多数不认可英语的限定性和非限定性关系从句具有句法和语义上匹配的学者，往往是从探讨英语关系从句翻译的视角得出的结论。这也许和翻译这一活动本身的特殊性有着很大关系。翻译从微观层面来看，涉及的是两种语言之间的相互转化。但从宏观视角来看，翻译活动涉及的因素非常复杂。不但涉及宏观语境，也涉及译者的主观性等。译文的表达往往取决于译者对原文的理解和对目的语的把握。在遭遇除母语之外的语言时，译者会自觉不自觉地将其与母语进行对比和分析。分析的过程除了有对语言本身客观的分析外，也带有译者本身很大的主观因素。就从曹明伦所列举的例句来看，为了更有效地进行翻译，这样的分析有一定的合理性。但是，如果我们仅从英语句子本身的结构和句子本身的功能来看，这两个例句是符合限定性关系从句与非限定性关系从句在句法与语义上匹配这一论点的。我们来看他所列举的例（6-35）：

Will you buy me *a magazine that I can read on the journey*?

这个句子是由限定性关系从句 "that I can read on the journey" 来修饰无定名词短语 "a magazine"。我们在前面提到过，无定名词短语由于自身所含的不确定性，有时需要其后的成分进行补充说明，但是其后出现的限定性关系从句同时具备了缩小范围的功能的。就如该句，如果我们省略限定性关系从句 "that I can read on the journey"，整个句子的语义表达就不完整。省略关系从句后，听者无法获取说话者为何要让他/她买书的原因这一信息。因此，该句中的关系从句是不可或缺的，是充当了限定性的功能。

曹所举的另一个例句（6-36）：

Nature, which Emerson says "is loved by what is best in us," is all about us.

我们认为这是一个非常典型的非限定性关系从句。该句中的非限定性关系从句只起到描写补充的功能，并没有限定和缩小名词短语"Nature"的范围，也并不是不可或缺的。

我们尝试将以上两个例句分别翻译为：

例 6 - 39.

　　　你能给我买本在旅途中读的杂志吗？

例 6 - 40.

　　　自然就围绕在我们周围，而自然，爱默生说是被人类至善至美的心所热爱的。

由此可以看出，仅从翻译的视角来否认英语限定性关系从句和非限定性关系从句在句法与语义上的匹配似乎不够具有说服力。但是，由于翻译活动的特殊性，有时需要考虑到目的语的表达习惯，在进行具体的翻译实践时，这样的分析也有其合理性。

至此我们可以对英语关系从句的争论焦点 3 得出我们的结论：我们同意文献中的观点，英语的限定性关系从句与非限定性关系从句在句法与语义上是相匹配的。限定性关系从句往往对中心语起着缩小范围的限定功能，即使在中心语为指别度很高的专有名词和代词的情况下也是如此，这一点我们在 6.2.1 中已经有过充分的论证。非限定性关系从句往往只对中心语做出补充说明，并非不可或缺。这一观点已经有大量文献进行过论述，这里不再赘述。

以上探讨和验证的是英语关系从句中存在的争论焦点，下面我们来看汉语关系从句的情况。

6.3　汉语关系从句争论的焦点

相对于英语的关系从句，汉语的关系从句的情况更为复杂。因为汉语的限定性关系从句与非限定性关系从句并没有明显的形式上的区别。我们前面已经提过，汉语关系从句的争论焦点主要体现在以下三个方面：

1）中心语为专有名词或代词的关系从句是否具有限定性；

2）指示代词与关系从句的先后顺序是否会对关系从句的功能产生影响；

3）关系从句限定与非限定性的区别在句法与语义上是否匹配。

以上三个争论焦点也是我们接下来要验证的三个假设。下面就对这些假设逐一进行验证。

6.3.1　中心语为专有名词或代词的关系从句是否具有限定性

假设1，中心语为专有名词或代词的关系从句是否具有限定性的功能。绝大多数学者都认可汉语中有限定性关系从句与非限定性关系从句之别。认可的理由之一是如果被关系化的名词是专有名词或代词，关系从句就只可能起"描写"的作用，而不是起"限定"的作用。刘丹青（2005：204）认为，专有名词等前面的关系从句通常要理解为非限制性从句，如"热爱劳动的中国人民、成天打麻将的王太太"等。方梅（2012：148－153）通过对自然口语的考察，指出汉语中存在前置关系从句，也存在后置关系从句。前置关系从句因受"简单结构"限制，具有限定性，用来指称、识别某个实体。后置关系从句较少受"简单结构"限制，具有描述性，用来提供新信息。她提出关系从句在核心名词之前，都具有限定性，用来指称、识别一个已知的言谈对象。在与后置关系从句相比较时，前置关系从句有下列特点：

第一，名词前的关系从句可以用来回答"哪个X"。

她所列举的例句为：

例6－41.

　　　　北京国安踢延边的那场比赛（哪场比赛）

例6－42.

　　　　刚从外校转来的孩子（哪个孩子）

第二，"的"字结构中的动词是弱化谓词，它在加体标记或重叠形式方面也受到限制。

她所列举的例句为：

例6－43.

　　　　＊北京国安踢了/过延边的那场比赛，差点让人给捂那儿。

例6－44.

　　　　＊真正想练练车的人，绝大部分，就像学技术似的。

方梅（2008）在另一篇文章"由背景化触发的两种句法结构——主语零形反指和描写性关系从句"中曾提到，如果核心名词是代词或是指人名词时，被删除后名词的所指依旧是明确的，与限制性关系从句形成对照。我们提取她列举的两个例句：

例 6 - 45.

还在读书的你偷偷喜欢上班里一个女孩子。

例 6 - 46.

一向注重家庭温馨的老张，结婚后从来没有离开家自己一个人过生日。

方梅认为上述关系从句不是用来回答"哪一个"，而用来回答"什么样的"，属于描写性的。从修饰语与核心语的内容看，关系从句有两类。一类是增加信息的（informative），一类不增加新信息。而上面例子中的关系从句所述内容都不是已知事件，而是需要作为新的信息内容交代的。从意义上看有下面两类：

从句表现核心名词的恒常特征；

2）从句表现核心名词在某一时刻的动态特征（方梅，2008：296 - 297）。

王远国（2012：101）也提出过相似的观点。王远国认为英汉关系从句都有非限定性用法，但汉语关系从句的非限制性用法仅限于对中心语的描述，他所举的例句为：

例 6 - 47.

具有五千年悠久历史的中国。

例 6 - 48.

正坐在沙发上抽烟的毛泽东主席。

他认为中心语"中国"的所指是唯一确定的，无须限制的。在这种情况下，关系从句的作用纯粹是描述性的，是非限制性的。

综合以上学者的观点，我们发现其中的共同之处：

1）前置关系从句几乎都是限定性的。

2）如果中心语是专有名词或代词时，关系从句是描述性的，而非限定性的。

然而，我们很容易就找到了反例。唐正大（2007）探讨了指示词与关系从句的位置是否可以作为划分汉语关系的功能的标准。他用"关内式"表示关系从句位于指示词后，用"关外式"表示关系从句位于指示词前。他用可表复数意义的名词短语做中心语时，发现限制性/非限制性与"关内式"/"关外式"之间不是一一对应的关系。他所举的例句是：

例 6 - 49.

那些吃螃蟹的毛利人世世代代生活在新西兰南部。——限制性/非限制性理解

例 6 - 50.

那些吃螃蟹的毛利人侮辱了那些不吃螃蟹的毛利人。——限制性理解

例 6 - 51.

吃螃蟹的那些毛利人世世代代生活在新西兰南部。——限制性/非限制性理解

例 6 - 52.

吃螃蟹的那些毛利人侮辱了不吃螃蟹的那些毛利人。——限制性理解（唐正大，2007：140）

例（6 - 49）和（6 - 51）中，"毛利人"都可以指整个民族所有毛利人，即关系从句可以为非限制性；

例（6 - 50）和（6 - 52）中，"毛利人"只能指称毛利人中"吃螃蟹"的，即关系从句为限制性。

唐正大的这一例句给我们的启示是，即使核心语为专有名词，如他的例子中的"毛利人"，修饰它的关系从句不仅有非限定性的解读，也还有限定性的解读。

汉语中被关系化的名词如果是专有名词，是否真如绝大多数学者的观点，只具有"描写"属性，即只有非限定性的功能？或者如唐正大以上的例句所示，既可以有非限定性的解读，也可以有限定性的解读？以下我们基于语料中的实例来展开分析。

在我们收集的汉语语料中共出现了 14 句以代词或专有名词为中心语的关系从句。其中包含了称谓语。因为称谓语是指说话人在语言交际中用于称呼受话人而使用的人称指示语。以下这几个例句中出现的称谓语在正常情况下与专有名词的功能相似，都表示指称唯一。所以我们也将其挑选出来作为例句进行分析。这 14 个实例如下：

例 6-53.

拉着铺盖卷，他越走越慢，好像自己已经不是 t 拿起腿就能跑个十里八里的祥子了。(《骆驼祥子》)

例 6-54.

t 管账的冯先生，这时候，已把账算好：(同上)

例 6-55.

墙上全是一颗颗的红点，飞旋着，跳动着，中间有一块更大的，红的，t 脸上发着丑笑的虎妞！(同上)

例 6-56.

t 在天桥倒在血迹中的阮明，在祥子心中活着，在他腰间的一些钞票中活着。(同上)

例 6-57.

这是他的 t 身为农民的爹给他取名时的美好愿望。(《师傅越来越幽默》)

例 6-58.

t 管供销的副厂长就显了出来。(同上)

例 6-59.

吕小胡朝着宣传栏撒了一泡尿，然后对 t 正将身体依靠在一棵树上的老丁说：(同上)

例 6-60.

他站在大门外边看着这个 t 从中学退休后到这里来看大门的老秦小跑着过来。(同上)

例 6-61.

t 想离开的老丁和好奇的老丁又斗争起来，斗着斗着，他的脚把他带进了公车壳内。(同上)

例 6-62.

想到此他不由地开颜而笑，吓了 t 在一旁剥花生的老妻一跳，(同上)

例 6-63.

这难道不是最幸福的时刻？他的家！他的老婆！尽管是憔悴、t 爱和他扯横皮的老婆！(《烦恼人生》)

例 6 - 64.

　　t 靠在一边看报的贾工程师颇有意味地笑了。（同上）

　　我们对以上这 14 个句子中的关系从句的功能进行归类，可将其分为三类。

　　第一类，关系从句表达的是类指功能。关系从句说明中心语所从事的职业，如例句（6 - 54）、（6 - 58）和（6 - 60）；

　　第二类，关系从句起描写功能，如果删除也不影响核心名词的可辨性和整个句子的核心语义。如例句（6 - 57）、（6 - 59）、（6 - 62）和（6 - 64）。

　　第三类，关系从句起限定功能。关系从句起到对比之意，如果删除，将会影响对整个句子的理解。如例句（6 - 53）、（6 - 55）、（6 - 56）、（6 - 61）和（6 - 63）。如果将例句（6 - 53）中的关系从句去掉，变为：

例 6 - 65.

　　　　拉着铺盖卷，他越走越慢，好像自己已经不是祥子了。

　　去掉关系从句后，虽然不影响我们对中心语"祥子"的辨识，但影响了我们对整个句子语义的理解。我们知道"祥子"作为小说中的主人公，在不同时期具有不同的特征标记。如"年轻的强壮的祥子"、"拉车的祥子"、"被强行拉去军营中干苦力的祥子"、"被虎妞欺骗的祥子"、"被刘四爷看不起的祥子"、"喜欢小福子的祥子"等等各种不同的特征。去掉关系从句后，"不是祥子了"的语义太过宽泛和模糊。让读者难以辨识句子真正要表达的意图。因此，我们认为，关系从句"拿起腿就能跑个十里八里的"对"祥子"这一集合所具备的各种特征进行了限定，缩小了"祥子"所具备的各种特征的范围，对"现在的祥子"与"曾经的祥子"进行比较，含有明显的对比之意。从语用效果来看，关系从句是对专有名词"祥子"起限定功能，而不是简单地对"祥子"进行描写。又如，我们将例句（6 - 55）中的关系从句去掉后变为：

例 6 - 66.

　　　　墙上全是一颗颗的红点，飞旋着，跳动着，中间有一块更大的，红的，虎妞！

　　去掉关系从句后，整个句子不够通顺，可接受度大为降低。虽然去掉后不影响对"虎妞"的识别，但影响了读者对整个句子的语义理解。

我们认为，关系从句"脸上发着丑笑的"在这个句子中是不可或缺的。关系从句"脸上发着丑笑的"凸显了虎妞对能够骗取到与"祥子"结婚的心满意足，她脸上的笑容与祥子的麻木和无奈形成强烈对比。如果我们将虎妞看成是一个集合，可以说，关系从句缩小了虎妞的指称范围。这里的虎妞不是"那个帮着刘四爷料理车行的彪悍的虎妞"，不是"那天晚上诱惑祥子时的虎妞"，不是"通过假怀孕而骗取祥子与之结婚的虎妞"，而是"此刻穿着新嫁娘的红衣服"，"脸上发着丑笑的虎妞"。相似的情况还有从《烦恼人生》中提取的例句（6-63），该句去掉关系从句后，就变成：

例 6-67.

　　　　这难道不是最幸福的时刻？他的家！他的老婆！尽管是老婆！。

　　从形式上看，去掉关系从句后的句子不合乎语法。从语义上看，该句中的关系从句"爱和他扯横皮的"如果去掉，会影响对整个句子语义的理解。就显示不出主人公印家厚经过一天辛苦的奔波回到家后的深切感受。比起在外面遭受到的种种不如意，尽管是"爱和他扯横皮的老婆"也让他体会到家庭的温暖和幸福。这里的关系从句也有凸显对比之意，因此是限定性的。

　　同样地，如果将例句（6-56）中的关系从句去掉，变为：

例 6-68.

　　　　阮明，在祥子心中活着，在他腰间的一些钞票中活着。

　　去掉关系从句后的（6-68），虽然语法上是可接受的，但没有突出在祥子心中活着的阮明的形象。加上关系从句"倒在血迹中的"后就凸显出了阮明留给祥子最为深刻的印象，不是"做官的阮明"，不是"享受了生活的阮明"而是被祥子出卖而最终"倒在血迹中的阮明"。关系从句非常生动地映衬出祥子出卖了"阮明"后的心虚和不安。从语用功能来看，该关系从句的功能也不是简单的对"阮明"进行修饰，而是缩小了留在"祥子"心中"阮明"的形象的范围。因此，它的功能同样是限定性的。

　　而例（6-61）中关系从句的限定功能就体现得最为明显。如果将关系从句"想离开的"去掉后，变为：

例 6 - 69.

　　老丁和好奇的老丁又斗争起来，斗着斗着，他的脚把他带进了公车壳内。

　　无论从形式还是从语义来看，该句子都无法成立。关系从句"想离开的"是为了区别于"好奇的"。可见，该例句中的关系从句"想离开的"对"老丁"不是进行描写而是进行限定，目的是为了与"好奇的老丁"区分开来。

　　综上所述，我们发现，无论是汉语还是英语，如果中心语是专有名词或代词，大多数情况下，关系从句是对其进行描述，但是，在具体的语境中，出于某种语用目的的考虑，如为了凸显人物的某种特征，或是为了进行对比，关系从句就具有限定性的功能。可见，具体的语用环境会对关系从句的功能产生极大的影响。

　　德国科隆大学类型学家 Seiler 指出，中心语的前置限定语有两个类型，即确定指称（specifying a reference）和刻画概念（characterizing a concept）。我们认为，汉语关系从句的限定性也具有这两种功能，一是确定指称，二是刻画概念。我们上面讨论的 14 例以代词或专有名词作为中心语的句子中，关系从句的功能似乎并不是对代词或者专有名词起到确定指称的作用，准确地说，应该是起到刻画概念的作用。

　　我们接着来看中心语为有定名词（除专有名词和代词外）与无定名词时关系从句的功能是否会有差异。

　　有学者认为限定性和非限定性与中心语的有定性与无定性有关。文旭，刘润清（2006）如果名词短语中出现了指示词"这""那"，中心语是定指的，不管"这""那"与关系从句的位置如何，关系从句的功能都是限定的；如果中心语是非定指的，则关系从句具有描述的功能。刘月华（2001：472 - 474）指出，在汉语中，如果当限定性定语修饰某事物时，一定还有其他同类事物存在，说话者认为有必要或者必须加以区别。也就是说，限制性的定语指明是"哪一个"，提问时一般用"哪（个、些、天的、儿的……）"、"谁的"等等。而使用描写性定语时，说话者所着眼的主要是所描写的事物本身，而不理会是否还有其他同类事物存在。描写性定语指明是"什么样的"。描写性定语一般用"什么样的"、"怎么样的"来提问。在谈及关系从句修饰名词短语时，刘月华等（他们将关系从句称为动词短语）认为，它既可以充任限制性定语，又可充任描写性定语。他们所列举的实例如下：

例6－70.

　　　　这时，对面走来一位穿红衣服的姑娘。（描写性的）

例6－71.

　　　　穿红衣服的那位姑娘是小李的妹妹。（限制性的）

例6－72.

　　　　这是一个装衣服的箱子。（描写性的）

例6－73.

　　　　装衣服的那个箱子已经运走了。（限制性的）

　　我们对以上几个例句进行仔细观察后发现，刘月华等所列举的句子的限定性与描写性似乎与核心语的有定性与无定性有关系。两个充当限制性的句子中都出现了表示有定的指示词"那"，而两个充当描写性的关系从句中都出现了表示无定的数量词"一位/个"。汉语关系从句是否真如以上例句呈现的那样，如果是修饰有定名词短语，其功能是限定性的；如果修饰无定名词短语，其功能就是非限定性的。

　　我们前面刚刚探讨了中心语为专有名词和代词的情况，我们发现汉语的关系从句在修饰专有名词和代词时，主要功能是描述性的，但也有限定性的情况，而且并不少见。我们接下来要考察的有定名词短语，仅选择与指示词"这"、"那"搭配的名词短语；我们要考察的无定名词短语，仅选择与数量词或者省略数词的量词搭配的名词短语。

例6－74.

　　　　祥子，在与"骆驼"这个外号发生关系以前，是个<u>t 较比有自由的洋车夫</u>，这就是说，他是属于<u>t 年轻力壮，而且自己有车的那一类</u>：自己的车，自己的生活，都在自己手里，高等车夫。（《骆驼祥子》）

　　我们来看例（6－74）中的两个关系从句。"较比有自由的"是修饰无定名词短语"（一）个洋车夫"，对"洋车夫"的范围进行了限定，如果省略关系从句，会影响对整个句子的语义理解，因此是不可或缺的。可见，关系从句尽管修饰的是无定名词短语，它同样具有限定功能。再看第二个关系从句"自己有车的"是修饰有定名词短语"那一类"，是对

"那一类"的范围进行限定，同样不可或缺，因此，关系从句也是起到限定的功能。

例6-75.

　　　事情业已为t作渡船夫的父亲知道，父亲却不加上<u>一个t有分量的字眼儿</u>，只作为并不听到过这事情一样，仍然把日子很平静的过下去。(《边城》)

　　例(6-75)中出现的第一个关系从句"作渡船夫的"修饰有定名词"父亲"，如果去掉关系从句，也不会影响对句子的语义的理解，因此我们可以将该关系从句的功能判定为是非限定性的，仅对中心语"父亲"进行描述。而第二个关系从句"有分量的"则是对无定名词短语"一个字眼儿"进行限定，如果去除，句子的语义不完整，句子的可接受度也大为降低，因此，该关系从句的功能为限定性的。

　　例(6-74)和(6-75)显示的情况表明，如果中心语为有定名词短语，关系从句有限定性的解释，也有非限定性的解释。而中心语为无定名词短语，关系从句更倾向于作限定性的解读。

　　在下一节中我们拟专门探讨指示词在关系从句的前后位置是否会对关系从句的功能体现产生影响，因此这里不再深入探讨中心语为有定名词短语时关系从句的功能体现。以下重点探讨无定名词短语为中心语的情况。

　　陆丙甫(1988：102-115)认为数量词位于关系从句的前后位置，关系从句的功能解读有所不同，如下面的两个例句中：

　　　a. 这次火山爆发的能量相当于2500颗投在广岛的原子弹。

　　　b. 这次火山爆发的能量相当于投在广岛的2500颗原子弹。

　　陆丙甫认为例句(b)中"投在广岛的"区别外延，是实指的，暗示在广岛至少曾投下过2500颗原子弹，2500是其中一部分或全部。(a)中"投在广岛的"是歧义的，可能是区别性的，如同(b)句一样；也可能是描写性的、虚指的，表示这2500颗原子弹的规格、大小、等级如同投在广岛的那一颗。

　　我们将其观点进一步扩展，似乎可以这样推断，即在汉语中，数量名词短语在关系从句前后会导致功能的差异：如果数量短语位于关系从句后，则关系从句起到区别性的功能；如果数量短语位于关系从句前，则有两种情况，一是起区别作用，二是起描写作用。两种功能的区别依靠具体语境而定。我们下面来考察语料中呈现的情况是否与陆丙甫的观点相同。

例 6 - 76.

又恢复成一个 t 明眸皓齿，双颊喷红的小男孩。（《烦恼人生》）

例（6 - 76）中出现的关系从句"明眸皓齿，双颊喷红的"可以说是对无定名词短语"一个小男孩"进行限定而非描述，因为如果去掉关系从句，整个句子无论从形式或语义上都不能成立。

刚才我们所列举的（6 - 74）至（6 - 76）中出现的关系从句对无定名词短语都起到限定的作用，我们发现这些无定名词短语的有一个共同的特点，无定的标记如"（一）个"都位于关系从句之前。下面我们来看无定的标记位于关系从句之后，紧邻名词短语的情况。

例 6 - 77.

山包下边，与人工湖相距不远，是一片墓地，那里埋葬着 t 三十年前本市武斗时死去的一百多个英雄好汉。（《师傅越来越幽默，》）

例 6 - 78.

t 值班的两个民警中有一个正是徒弟的表弟。（同上，）

例 6 - 79.

t 以小白为首的几个文学爱好者团团围住他，要求与他切磋切磋现代诗。

例 6 - 80.

餐馆方便极了，就是马路边搭 t 的一个棚子。（《烦恼人生》）

例 6 - 81.

凭空产生 t 的一道幻想，闪电般击中了印家厚，他按捺不住激动的心情。（同上）

从语义来看，以上五个例句中的关系从句都起限定功能，限定性功能体现得很明显，都是通过缩小中心语的范围确定指称，都不可或缺。

我们观察到的结果与刘月华和陆丙甫的观点有一定区别，我们语料所呈现的是，中心语为有定名词短语时，关系从句有限定性的解读，也有非限定性的解读；如果中心语为无定名词短语时，无论数量短语位于关系从句前还是关系从句后，关系从句大多起到限定性的作用。总体来看，关系从句充当限定性功能的情况更为常见。

我们通过上述论证，得出我们对汉语关系从句争论焦点 1 的验证。我们认为：被关系化的中心语为专有名词或代词不能作为识别汉语关系从句功能差异的必要条件，也就是说，在汉语中，并非所有修饰专有名词和代词的关系从句都起非限定性（描写）的作用。在多数情况下，修饰专有名词和代词的关系从句是非限定性（描写）的，但是，在具体的语用中，如果关系从句有缩小范围的作用，起到语义对比的功能，省略了关系从句会对句子的理解产生影响，那么，关系从句就是限定性的，而非描写性的。

此外，中心语的属性区别（有定名词/无定名词）也不能成为评判关系从句限定与否的标准。总体来看，关系从句起到限定性功能的情况更为常见。

6.3.2　指示代词与关系从句的前后位置与汉语关系从句功能差异的关系

这一节我们主要来验证假设 2：指示词"这""那"在关系从句的前后位置是否决定关系从句的功能差异。

赵元任（1968）、Hashimoto（1971）与 Huang（1982）认为，从句位于指示词前是限定性从句，位于指示词后为非限定性从句（赵元任称之为描写性从句）。吕叔湘（1985：214 - 8）指出"这、那"前的定语有"决定作用"，而"这、那"后的定语"只有描写作用"。而屈承熹（2005：332 - 333）认为汉语中的关系从句本身没有"限定性"与"非限定性"之分，之所以有这样两种解释是因为中心语之前的"这"或"那"的不同功能所致。他认为，"那"有两种功能：表示"定指"和作"指示词（相当于英语中重读的 that）"，而"这"只能作"指示词（相当于英语中重读的 this）"。当"这"和"那"解释为"指示词"时，如果再加上一个关系从句，这个关系从句就无法发挥"确定所指"的功能，因此只能扮演"非限定"的角色。反之，当"那"解释为定指时，加个关系从句，就可以把所指确定，这个关系从句就有了"确定所指"的功能。而石定栩（2010：323）认为汉语的各种定中结构都表示事物的集合，中心语表示一个集合，整个定中结构表示其中的一个子集，所有的定语因此都是限定性的。唐正大（2007：140）用可表复数意义的名词短语做核心名词，发现限制性/非限制性与"关内式（指这/那位于关系从句之前）"/"关外式（指这/那位于关系从句之后）"之间不是一一对应的关系。

我们在第五章中专门探讨了带有指示代词"这""那"的有定名词短语被关系化的篇章分布特征。发现在汉语的书面语中，指示代词位于关系从句前是一种优势语序。指示代词出现在关系从句后往往是出于某种语义或语用功能的考虑，主要是为了避免产生歧义，或是突出句子中的某个成分，比如是动作或者状态。现在我们来看其表达功能的差异。

我们分别从我们的语料中各抽取五个指示代词位于关系从句前以及五个指示代词位于关系从句后的实例。首先看《骆驼祥子》中的例句：

指示代词位于关系从句前：

例 6-82.

他心中打开了转儿：凭这样的赞美，似乎也应当捧那 t 身矮胆大的光头一场；

例 6-83.

这是什么战略——假使这群 t 只会跑路与抢劫的兵们也会有战略——他不晓得。

例 6-84.

可是，在军队里这些日子，忽然听到老者这番 t 诚恳而带有感情的话，他不好意思再争论了。

我们认为，（6-82）、（6-83）和（6-84）三个句子中的关系从句都可以有两种解读。如果脱离了上下文语境，单独来分析例（6-82），该句中的关系从句"身矮胆大的"缩小了"光头"的指称范围，提高了中心语的指别度，因而是限定性的。但如果是在原文本的上下文中进行分析，我们已经知道的"光头"是指刚对祥子说话的"光头"，关系从句无需对中心语进行限定以提高其指别度，因此，关系从句的功能可能是非限定性的。例（6-83）如果脱离原文本的上下文来分析，关系从句"只会跑路与抢劫的"的功能是为了缩小了"这群兵们"的范围以提高指别度，因此是限定性的。但如果是在原文本的语境中进行分析，我们知道"这群兵"指的是抓"祥子"去当苦役的"那些兵"，因此，关系从句的功能就可以是非限定性的。同样，（6-84）如果脱离了原文本的上下文，关系从句"诚恳而带有感情的"应该起到限定性的作用。因为如果除去关系从句，会影响我们对中心语"这番话"的识别。但是，如果在原文本的上下文语境中来分析这个句子，"这番话"是指"祥子"刚刚听到的老者说过的那一番话，有具体的指称。关系从句"诚恳而带有感情的"可以视为是对中心语进行修饰，而不是限定。因为去掉关系从句，也不影响我们对中心语的理解。我们来看另外两个实例：

例6-85.

　　　那对 t 还肯负责任的铜钮也被揪下来，掷在黑暗中，连个响声也没发。

　　该句中的关系从句"还肯负责任的"是对中心语进行限定。如果去掉关系从句，我们就不知道指的是"哪对铜钮"。相似的还有实例（6-86）：

例6-86.

　　　可是，他是低声下气的维持事情，舍着脸为是买上车，而结果还是三天半的事儿，跟那些 t 串惯宅门的老油子一个样，他觉着伤心。

　　该句中的关系从句"串惯宅门的"是对中心语进行限定。去掉关系从句，我们就不知道指是"哪些老油子"，影响了我们对中心语"那些老油子"的识别。

　　在以上指示代词位于关系从句前的五个例句中（从例6-82至6-86），关系从句既可以充当限定性的，也可以充当非限定性的。对这些例句的分析，让我们进一步认识到语境对理解关系从句功能的重要性，也即语用功能的不同会使关系从句有不同的功能体现。

　　下面是指示代词位于关系从句之后的实例：

例6-87.

　　　他想起来，自己的头一辆车，自己攒下 t 的那点钱，又招谁惹谁了？

　　该句中的关系从句"自己攒下的"缩小了中心语"那点钱"的指称范围。如果去掉关系从句，我们就不知道"那点钱"指的是"哪些钱"。

例 6 – 88.

刚吃下去 t 的那点东西在胃中横着，有点发痛。

该句中的关系从句"刚吃下去的"对中心语"那点东西"的范围进行了限定。如果去掉关系从句，我们就不知道指的是"哪点东西"。相似的如例（6 – 89）：

例 6 – 89.

祥子说不清 t 的那点事是这样：曹先生在个大学里教几点钟功课。

该句中的关系从句"祥子说不清的"同样缩小了中心语"那点事"的范围。如果去掉关系从句，我们就不知道指的是"哪件事"。

例 6 – 90.

祥子本能的想往出夺手，可是已经看清那个人，他不动了，正是 t 刚才骑自行车的那个侦探。

该句中的关系从句"骑自行车的"是对中心语"那个侦探"进行限定。关系从句缩小了中心语的指称范围，帮助我们识别。

例 6 – 91.

想起 t 胡同中立着的那块黑影，那个老人，似乎什么也不必再说了，战胜了刘四便是战胜了一切。

该句中的关系从句"胡同中立着的"也是对中心语进行限定而非描写，关系从句的功能在于缩小中心语的指称范围，增加中心语的指别度。如果去掉关系从句，我们将不知道"祥子"想起的是"哪块黑影，哪个老人"。

通过对以上十个例句的简单分析，我们可以看出，指示代词在关系从句的前后位置与关系从句的限定性与非限定性之间没有必然的相关性。我们从语料中观察到的现象是指示代词位于关系从句前，关系从句有限定性和描写性两种解释；而如果指示词位于关系从句之后，关系从句似乎只有限定性一种解释。

我们再从所选择的两篇当代短篇小说《师傅越来越幽默》和《烦恼人生》中提取一些实例进行考察：

例 6 – 92.

他说着，想起了自家那台早该淘汰 t 的黑白电视机。（《师傅越

来越幽默》）

该句中的关系从句"早该淘汰的"是对中心语的描写，因为去掉关系从句后，对我们理解句子没有影响。因为，就我们对书中主人公所处的那个年代和对主人公家庭环境的理解，我们可以判断出他家中只可能有一台电视机，即使去掉关系从句，也不会影响我们的识别。

例 6-93.

　　　　那个 t 喊话的警察把手里的电喇叭交给身边的同伙。（同上）

例 6-94.

　　　　他看到了 t 平放在地上的那块床板。（同上）

　　例句（6-93）中的关系从句"喊话的"对中心语"那个警察"进行了限定，明确了"警察"的所指范围，如果去掉，读者则无法识别是"哪个警察"。例句（6-94）的关系从句"平放在地上的"也是对中心语"那块床板"进行了限定，缩小了所指范围。再来看以下两个例句：

例 6-95.

　　　　他明白了自己的心是永远属于那 t 失去了的姑娘，只有她才能真

　　　　正激动他。（《烦恼人生》）

例 6-96.

　　　　这个名字和 t 他刻骨铭心的那个名字完全不相干。（同上）

　　例句（6-95）和（6-96）一样，如果去掉句中的关系从句"失去了的"和"他刻骨铭心的"，就会影响对中心语"姑娘"和"那个名字"的识别，因此这两个实例中的关系从句都是限定性的。

　　而下例中出现的关系从句功能则有所不同。

例 6-97.

　　　　聂玲聂玲，这个他从不敢随便提及 t 的名字，江南下毫不在乎地

　　　　叫来叫去。（《烦恼人生》）

　　该句中的关系从句"他从不敢随便提及的"只是对中心语"名字"进行描写，因为前面有专有名词"聂玲"可以帮助我们识别中心语"名字"，"这个"回指"聂玲"，关系从句不需要用来缩小范围以提高指别度，因此即使去掉关系从句也不会影响我们对中心语的理解。这一例句给我们的启示是，一般情况下，如果指示代词有明确的回指对象，并且不需要利用关系从句起到对比语义的功能，那么，关系从句的功能往往

是非限定性的。

我们现在可以对汉语关系从句的争论焦点 2 做出我们的验证结论。从我们对语料的分析来看，指示代词在关系从句的前后位置与关系从句的功能区别没有必然的相关性。影响汉语关系从句功能体现的决定作用在于语用环境。

6.3.3　关系从句限定与非限定性的区别在句法与语义上是否匹配

这一节将对假设 3 进行验证：汉语关系从句限定与非限定性的区别在句法与语义上是否匹配。杨彩梅（2011）提出用"NP/DP/VP - 省略"这种形式手段可以证明，无论是英语关系从句还是汉语关系从句，都有句法上的限制性 - 非限制性区别来与语义上的该区别相匹配。对这一提法，已有学者提出了不同的观点。韩景泉，周敏（2012）就曾论证过汉语的 RRC 和 NRC 具有相同的句法特征和生成机制，任何形式句法手段都不能对之加以区别。提出了句法 - 语义不匹配分析法，认为汉语 RRCs 和 NRCs 只存在语义上的区别，而并无任何显性形式句法上的差异。本文作者认同这一观点，因为我们发现，如果关系分句的中心名词是专有名词时，"VP - 省略"的手段不能区分汉语关系从句的限制性与非限制性。如："在所有的体育明星中，我最喜欢踢足球的贝克汉姆，我弟弟也是。"在这样的句子里，省略的 VP 只能有一种解读，就是非限定性。因为这个句子一开头就提供了一个很重要的背景信息"在所有的体育明星中"，已经缩小了"贝克汉姆"的可识别范围。如果该句没有提供"在所有的体育明星中"这一限定范围，那么似乎省略的 VP 可以有两种解读。一种是非限定性的，我弟弟也喜欢足球明星贝克汉姆之意。另一种可以是限定性的，我弟弟也是喜欢踢足球时候的贝克汉姆，而不是拍广告或者是拍电影时候的贝克汉姆。因此我们认为，从严格意义上来讲，"NP/DP/VP - 省略"这种形式手段不能证明汉语有句法上的限制性 - 非限制性区别来与语义上的该区别相匹配。

我们在前面两节中已经充分证明了汉语限定性关系从句与非限定性关系从句在句法与语义上不相匹配。我们观察到，汉语的中心语无论是有定名词短语（包括专有名词和代词）还是无定名词短语，关系从句都有限定性与非限定性的不同解读。指示词位于关系从句的前后位置也不能作为鉴别限定性与非限定性的标准。指示词位于关系从句前或者位于关系从句后，都有限定性与非限定性的解读。对于汉语关系从句来说，判断其功能是限定性的还是非限定性的不能依靠句法手段，只能通过具体的语境，根据语义来进行判断。一般来说，汉语关系从句充当限定性功能的情况更为常见。

6.4　汉语关系从句的功能和等级序列

6.4.1　汉语关系从句的基本功能

我们在前面三节中详细论证了关系从句中存在的争论焦点。我们在论证过程中发现，语境因素对判断关系从句的限定性与非限定性有着重要影响。对汉语关系从句功能区别的判断只能依靠语义和语用因素。我们在论证过程中同时发现了一个现象，即关系从句的功能有强弱之分。比如，如果关系从句要表达的意思带有对比之意，那么关系从句的限定功能就会体现得非常明显。而如果有前景信息提示，关系从句的限定功能就会大为减弱，从而减弱为描写的功能。

在汉语中，无定名词短语如果要充当主语，通常不能接受。但是如果在其前面添加一些修饰语，这样出现在主语的位置就比较容易接受。我们考察了《师傅越来越幽默》中无定名词短语充当主语的情况。

例 6 - 98a.

　　　t 骑车的青年男女投过了好奇的目光后就远远地避开他。

这个句子如果我们去掉关系从句，变为：

例 6 - 98b.

　　　青年男女投过了好奇的目光后就远远地避开他。

很明显，去掉关系从句后的（6 - 98b）的可接受程度降低了，原因是无定名词短语往往在汉语中不能充当主语。又如：

例 6 - 99a.

　　　一个 t 不能挣钱养家的男人没有资格对着老婆发火，古今中外，都是这样。

去掉关系从句：

例 6 - 99b.

　　? 一个男人没有资格对着老婆发火，古今中外，都是这样。

　　这个句子去掉关系从句后，语义表述不清楚，可接受度更低。可见，关系从句在以上句子中的功能是非常明显的限定性功能。

　　陆丙甫（2003）认为这种现象显示了描写性与区别性之间的关系，修饰语可以增加无定名词短语的有定性，因此在添加了修饰语的名词短语，更容易在主语位置上被接受。

　　朱德熙（1956）早就提出：一类事物经过描写之后就不再是普遍的概念，而是特殊的概念了。因此描写性定语往往带有潜在的指称作用。

　　综合我们观察到的现象以及结合以上学者们的观点，我们认为汉语关系从句的功能应该是一个连续统。从语义来看，如果我们将名词短语看成是一个集合，那么关系从句的作用就是缩小这一集合的范围以增加识别性，或者说使其不再是普遍的概念，而成为特殊的概念。因此，关系从句的基本功能都应该是限定性的。

　　我们来看下面的例句：

例 6 - 100a.

　　狗大多数是通人性的。

例 6 - 100b.

　　一条狗是通人性的。

例 6 - 100c.

　　一条 t 长期和人在一起生活的狗是通人性的。

　　（6 - 100a）陈述的是狗具有的一种普遍的属性，这个句子中的主语"狗"为类属名词。一般来讲，类属名词表示的是一个集合本身，无所谓有定与无定，因此可以充当句子的主语。（6 - 100b）的主语为无定名词"一条狗"，充当主语就非常牵强。而（6 - 100c）描述的是在"狗"这一集合中"长期和人在一起生活的狗"这一类狗所具有的属性，明显地限定了指称范围，使无定名词短语"一条狗"具有了有定性，因此可以充当主语。

　　也就是说，关系从句的基本功能是从一个认知域中确立出特定的成员，是限定性的。其限定性在不同场合中，强弱不同。我们的发现如下：

1）如果关系从句的功能是为了对中心语进行区别，那么关系从句的限定功能体现得最为强烈。如：

例6－101.

　　　t上德语课的学生请到305教室，t上法语课的学生请到306教室。

例6－102.

　　　一些t上德语课的学生走进了305教室。

在以上两个例句中，（6－101）中两个关系从句"上德语课的"和"上法语课的"的限定性体现得最为明显。如果去掉关系从句，整个句子将无法接受。相比之下，（6－102）中的关系从句的限定功能就比较低，如果去掉关系从句，虽然句子的语义与原意有差别，但是句子仅从语法上来看是可以接受的。

最典型的实例是我们前面提到过的例句（6－61）：

　　　t想离开的老丁和好奇的老丁又斗争起来，斗着斗着，他的脚把他带进了公车壳内。

我们不妨仿照来造一个句子：

例6－103.

　　　t想离开的老丁想了一下，还是没走。

我们对（6－61）和（6－103）中的关系从句进行对比，（6－61）中的关系从句的限定性显然更为强烈。而（6－103）中的关系从句如果去掉，也不影响我们对中心语"老丁"的识别，因此（6－103）中关系从句"想离开的"的限定性明显低于（6－61）中的关系从句"想离开的"。

2）前景信息会消减关系从句的限定性。我们同时也注意到，在具体的语境中，如果关系从句前面已有一些前景信息，那么关系从句的限定性会降低。我们再来看前面提到过的例句（6－97）：

　　　聂玲聂玲，这个他从不敢随便提及t的名字，江南下毫不在乎地叫来叫去。（《烦恼人生》）

这个句子中，如果去掉"聂玲聂玲"，关系从句的限定性就会大为增强，否则无法辨识中心语"名字"。但由于句子开头就出现了"聂玲聂玲"这一前景信息，足够帮助读者来辨识中心语，因此关系从句的限定性就大为消减。

3）语用环境对关系从句限定性的理解起着决定性的作用。

陆丙甫（2003）认为，描写性指的是定语和核心名词的语义关系，是结构内"核心导向"的语义概念；而区别性是结构外的语用概念。描写性意义是必然的，而区别性是潜在的意义，这个意义的最终落实，需要一定的语用环境。我们认同陆丙甫的观点，我们认为，这一观点不但可以解释为何在含有对比之意的语境中，关系从句的限定功能体现得最为强烈。还可以解释下面这一现象：

学者们大都认可"具有五千年历史的中国"中的关系从句"具有五千年历史的"只对专有名词"中国"起到描写的功能，而不是限定的功能。理由是"中国"作为唯一指称的专有名词，不需要修饰语来加强其指称。然而，如果我们从关系从句的基本功能来看，关系从句"具有五千年历史的"在一定的语用环境中同样可以有限定性的解释。理由是，以上的句子一般不会单独出现，它往往会出现在陈述其他语义的句子中，也就是说，会出现在一定的语用环境之中。比如会出现在下面的例句中：

例 6－104.

　　　t具有五千年历史的中国吸引了越来越多的外国游客。

又或是

例 6－105.

　　　t具有五千年历史的中国正朝着现代化的进程稳步发展，焕发出勃勃生机。

我们可以将以上两个句子中的关系从句"具有五千年历史的"都理解为是限定性的。（6－104）可以理解为"中国之所以吸引越来越多的外国游客，是因为具有五千年历史的这一特定的因素"。而例（6－105）的句子的语义与去掉关系从句后的句子"中国正朝着现代化的进程稳步发展"是不同的。带有关系从句"具有五千年历史的"显然有助于强调中国历史的悠久，更突显出"朝着现代化的进程稳步发展"让"一个历史悠久的国家焕发出勃勃生机"的重要程度。可见语用环境对解读关系从句功能的重要性。

又如我们前面列举过的实例（6－92）：

　　　他说着，想起了自家那台早该淘汰 t 的黑白电视机。（《师傅越

来越幽默》)

对该句中出现的关系从句"那台早该淘汰的"的功能判断可以通过百科语境和上下文语境得到确立。首先，如果我们了解了故事发生的背景，在我们的百科知识中搜索到故事发生的那个年代中国的社会状况，一般的普通家庭只可能拥有一台电视机。其次再借助于上下文提供的信息，主人公是一位下岗的工厂老工人，妻子没有工作。由此可以推断出主人公的家庭经济并不富裕，可以确定主人公的家里只可能有一台电视机。在获取了相关的语境知识之后，关系从句"那台早该淘汰的"在该句中的限定性大为减弱，如果去掉，也不会影响我们对中心语的识别。

综上所述，我们认为，汉语关系从句的基本功能应该是限定性的。但是，限定性功能的强度会随着具体语境而产生区别。或者我们可以这样认为，汉语关系从句从语义上来看都是限定性的，我们可以将中心语视为一个集合，关系从句的语义是用以缩小该集合的指称范围。汉语关系从句在语用环境中，才有限定性与非限定性的明显区别。

6.4.2　汉语关系从句功能的连续统

上一节论述了汉语关系从句的广义功能是从一个认知域中确立出一个特定的成员的限定性功能，具体体现在确定指称和刻画概念。我们同时提到语境对关系从句功能强弱的巨大影响。这一节我们来讨论汉语关系从句功能体现的强弱等级。

我们借助 Ariel（1990）提出的"语言学的、认知的"可及性理论为基础探讨这一问题。Ariel（1990：17）认为，实体表征的可及性，表现为其在记忆系统中的激活状态。不同形式的指称语正是说话者用来标识实体表征的不同可及度，所以就指称词语的这一指称功能来讲，可以把指称语称为可及性标示语（accessibility markers）。她将可及性标示语分为三大类：1）最开始用于指称百科语境中某个实体的指称词语（如专有名词和有定描述语）是低可及性标示语；2）最初用于指称有形语境中某个实体的指称词语（如指示词语）是中可及性标示语；3）而那些似乎只用于指称语篇语境中某个实体的指称词语（如代词及其零形式）是高可及性标示语。Ariel（1990）认为，说话者会用不同形式的指称语来标识实体表征的不同可及程度。因为实体表征在记忆系统中的激活状态是一个连续体，所以标识实体表征的不同形式的指称语，可以构成如下一个从低可及性到高可及性的可及性标识语连续体：

　　　　　　　低可及性

全名 + 修饰语

全名

长有定描述

姓

名

远称指示语 + 修饰语

近称指示语 + 修饰语

远称指示语（ + 名词短语）

近称指示语（ + 名词短语）

重读代词 + 手势

重读代词

非重读代词

缩略代词

极高可及性标示语（如空语类，反身代词等）

高可及性　　　　　　　　（转自许余龙，2002：377）

　　借助 Ariel 所提出的指称语从低可及性到高可及性的可及性标识语连续体，我们可以认为，名词短语的属性不同，对其认知的可及性也有所不同。那么，修饰名词短语的汉语关系从句的限定性也可以用一个连续体来表示。方梅（2012：148）曾经指出，"的"字结构中的动词是弱化谓词，它在加体标记或重叠形式方面也受到限制。汉语关系从句限定性的强弱应该与关系从句的语义与被关系化的名词有很大关系。我们在前面章节已经提到过，汉语名词短语可以分为有定名词短语（包括专有名词、代词、带有指示代词的名词）、无定名词短语（带有数量短语的名词短语）以及光杆名词。在前面章节我们已经探讨过汉语关系从句的主要功能是起限定作用，绝大多数情况下是帮助所修饰的中心语名词提高识别度。关系从句限定功能的强弱与语境以及中心语的属性有很大关系。综合来看，汉语关系从句的限定性功能的强弱是一个连续统，其差异主要取决于中心语在不同语境中所发挥的识别功能的不同。因此，我们可以尝试通过从形式和语义对中心语进行刻画来标识汉语关系从句限定性强弱的连续体。也就是说，汉语关系从句的连续统可以通过中心语的在不同语境中的形式和含义体现出来。我们将这一限定性功能从低到高的连续统表现如下：

低限定性（或者可以称为描写性）：
没有语义对比要求的专有名词、代词以及通过语境知识可以判定出中心语指别的名词短语为中心语
↓
带有数量词的无定名词短语为中心语
↓
带有指示词的有定名词短语为中心语
↓
光杆名词为中心语
↓
有对比语义要求的名词短语（含专有名词、代词）为中心语
高限定性

　　如上图所示，汉语关系从句的限定性在考虑到语境因素影响这一前提下，可以通过中心语的不同进行辨识。也就是说，汉语关系从句的基本功能主要是依靠语境与语用进行判断。汉语关系从句的限定性可以被视为一个连续统。语境因素对关系从句的干扰越小，关系从句的限定性功能就体现得越明显。一般来说，汉语关系从句的语义功能是限定性的。语用因素会对其功能产生影响，语境因素会对其限定性起到消减作用。

6.4.3　汉语多重关系从句的排列顺序

　　国内文献中普遍认可定语所具有的"描写功能"和"区别功能（我们称为限定功能）"。陆丙甫（2003：15）认为："描写性"和"区别性"都属于修饰性。但是"描写性"从内涵去修饰核心成分，告诉听话者"怎么样的"。而"区别性"及"指称性"强调所指的外延，告诉"哪一个/些"。逻辑学中内涵和外延密切相关，双方间存在着反比关系：内涵

越丰富外延越小。

　　袁毓林（1999）对汉语中多项定语的排列顺序做出研究，从信息加工的难度和认知处理的策略角度进行分析，认为定语的语序规则应该是"容易加工的成分 > 不易加工的成分"。陈宗利（2009：156）认为关系从句的位置与谓词的性质有关。外从句（即从句位于数量词或指示代词之前）一定由状态（stage-level）从句充当；内从句（即从句位于中心语名词与数量词之间）既可以由状态从句充当，也可以由个体（individual-level）从句充当。在多重关系从句中，状态从句既可出现在外从句的位置，也可以出现在内从句位置；而个体从句则只能出现在内从句位置。无论状态从句出现在什么位置，总是位于个体从句之前。从下面这个例句来看，陈宗利认为状态从句既可出现在外从句的位置也可以出现在内从句的位置这一观点似乎是正确的。

例 6 - 106.

　　　　老张住在 t 紧靠苍山脚下的一间 t 没有人住的破房子里。

　　句中出现的两个状态从句"紧靠苍山脚下的"和"没有人住的"分别位于数量词"一间"的前后。但是，这个例句促使我们需要考虑的另一个问题是，如果关系从句都是状态从句，如上例，多重关系从句又由什么标准来进行排序。

　　崔应贤（1998）认为定语语义属性的确认主要要看它所表述的内容相对于中心语事物体现出了什么样的特征：限定性定语往往反映的是事物的外部联系，如所属、方位、范围、数量等；修饰性定语则多反映事物的自身状况，如行为、状态、性质、功能等。

　　如果我们用崔应贤的观点来解释例（6 - 106）中的两个关系从句，那么关系从句"紧靠苍山脚下的"表达的是房子的方位，应该属于限定性的；而关系从句"没有人住的"表达的是中心语"房子"的状态，属于是修饰性的。

　　然而我们认为这样的分析并不十分准确。

　　如下列例句：

例 6 - 107.

　　　　我喜欢 t 面带微笑的小明，不喜欢 t 愁容满面的小明。

　　这个句子中出现的两个关系从句"面带微笑的"和"愁容满面的"

都是表达中心语"小明"所处的状态，如果按照崔应贤的分析，这两个关系从句都不是限定的，而只是修饰的。然而我们认为，该句的两个关系从句的功能都是限定性的。如果去掉关系从句，该句就不能成立。但是，我们知道关系从句主要功能是用于缩小中心语的范围从而提高中心语的指别度，这个句子的中心语"小明"已经有很高的指别度，关系从句到底起到怎样的功能呢？

前面我们已经提到过德国科隆大学类型学家 Seiler 指出，中心语的前置限定语有两个类型，即确定指称（specifying a reference）和刻画概念（characterizing a concept）。确定指称的功能是确定指称的对象，主要作用于中心语概念的外延；刻画概念的功能是增加概念的内容，主要作用于概念的内涵。Seiler 认为限定语实际上是一个连续统，最右边是中心语名词。从表义功能上看，定语离中心语越近，越倾向于对它的内涵起作用；离中心语越远，越倾向于限定其外延（张瑜，2000：58）。

我们利用 Seiler 的观点就能比较合理地解释例（6 – 107）。（6 – 107）中的中心语"小明"指称已经非常明确，关系从句"面带微笑的"和"愁容满面的"都是对中心语"小明"起到刻画概念的功能。此外，Seiler 的观点同时能够很好地解释汉语多重关系从句的语序排列问题。

例 6 – 108.

　　　　那个 t 送给我鲜花的 t 喜欢中国文化的留学生来自美国。

句中的关系从句"送给我鲜花的"起到确定指称的功能，限定了中心语"留学生"的外延，而关系从句"喜欢中国文化的"起到刻画概念的功能，修饰的是中心语"留学生"的内涵。

也就是说，汉语的多重关系的排列顺序应该是：确定中心语的指称功能的关系从句在前，修饰中心语内涵的关系从句在后。比如，如果将例(6 – 108)中的两个关系从句颠倒顺序，句子的可接受程度就要大大降低。

例 6 – 109.

　　　　? 那个 t 喜欢中国文化的 t 送给我鲜花的留学生来自美国。

我们由此也能很好地解释前面所举例句（6 – 106）：

　　　　老张住在 t 紧靠苍山脚下的一间 t 没有人住的破房子里。

该句中的关系从句"紧靠苍山脚下的"是起到确定中心语"破房子"的指称的功能,而"没有人住的"则是对中心语起到概念刻画的作用,因此更靠近中心语。

由此可见,如果将汉语关系从句的限定功能划分为"确定所指"和"刻画概念",就能比较好地解释汉语多重关系从句的语序问题。

6.5 汉语关系从句的形式和功能的关系

我们在前面几节中探讨了英语和汉语名词短语关系化现象中存在的争论焦点,剖析了英语和汉语关系从句形式和功能的异同。这一节通过考察四部汉语小说《骆驼祥子》、《边城》、《师傅越来越幽默》和《烦恼人生》中关系从句的实例,重点考察汉语中名词短语的有定性与无定性同关系从句的限定性与非限定性之间的关系。我们前面提到,汉语关系从句的基本功能是限定性的,修饰无定名词短语的关系从句往往是为了提高中心语的有定性,因此大多是限定性的。以有定名词为中心语的关系从句,除了专有名词和代词为中心语时关系从句主要是描写性的以外,其他的有定名词充当中心语时,关系从句大都也是限定性的。但语境因素会对其功能产生影响,有时,关系从句也会是非限定性的。如《边城》中出现的下列实例:

例 6-110.

前几天顺顺家天保大老过溪时,同祖父谈话,<u>这 t 心直口快的青年人</u>,第一句话就说:

在该实例中,这心直口快的青年人指的就是开头句子中已经提到了的"顺顺家天保大老",因此关系从句"心直口快的"并不需要增加中心语"青年人"的识别度,在这一语境中,关系从句是非限定性的。

我们将中文语料的四部小说中限定性关系从句与非限定性关系从句在篇章中的具体分布情况分别由以下四个表来体现:

表6-1   《骆驼祥子》中限定性与非限定性关系从句的篇章分布

限定/非限定	出现频次	百分比	名词类别	出现频次	百分比	句法位置	出现频次	百分比
限定	449	97%	无定	190	42.3%	SU	153	80.4%
						DO	27	14.3%
						OBL	9	4.8%
						GEN	1	0.5%
			有定	259	57.7%	SU	168	64.9%
						DO	62	23.9%
						OBL	26	10%
						GEN	3	1.2%
非限定	14	3%	有定	14	100%	SU	13	92.9%
						DO	1	7.1%
合计	463	100%						

表6-2   《边城》中限定性与非限定性关系从句的篇章分布

限定/非限定	出现频次	百分比	名词类别	出现频次	百分比	句法位置	出现频次	百分比
限定	251	91.3%	无定	94	37.7%	SU	61	64.9%
						DO	18	19.2%
						OBL	13	13.8%
						GEN	2	2.1%
			有定	157	62.5%	SU	92	58.6%
						DO	50	31.8%
						OBL	15	9.6%
非限定	24	8.7%	有定	24	100%	SU	23	95.8%
						GEN	1	4.2%
合计	275	100%						

表 6-3 《师傅越来越幽默》中限定性与非限定性关系从句的篇章分布

限定/非限定	出现频次	百分比	名词类别	出现频次	百分比	句法位置	出现频次	百分比
限定	174	93.5%	无定	72	41.4%	SU	58	80.6%
						DO	7	9.7%
						OBL	2	2.8%
						GEN	5	6.9%
			有定	102	58.6%	SU	76	74.5%
						DO	17	16.7%
						OBL	7	6.9%
						GEN	2	1.9%
非限定	12	6.5%	有定	12	100%	SU	11	91.7%
						GEN	1	8.3%
合计	186	100%						

表 6-4 《烦恼人生》中限定性与非限定性关系从句的篇章分布

限定/非限定	出现频次	百分比	名词类别	出现频次	百分比	句法位置	出现频次	百分比
限定	114	95%	无定	50	43.9%	SU	40	80%
						DO	6	12%
						OBL	3	6%
						GEN	1	2%
			有定	64	56.1%	SU	39	60.9%
						DO	17	26.6%
						OBL	8	12.5%
非限定	6	5%	有定	6	100%	SU	5	83.3%
						DO	1	16.7%
合计	120	100%						

　　由于在前面章节中我们已经列举过大量的实例,这里不在对以上表格中出现的数据用例子加以说明,仅对表格中体现的数据进行分析。

　　以上四个表中的数据显示,在汉语中,汉语关系从句的主要功能是限定性的，非限定性功能所占的比例在每一部小说语料中都没有超过百分之十。此外，修饰无定名词短语的关系从句全部是限定性的，这是因为汉语中的修饰无定名词短语的关系从句的最主要功能是为了提高名词短语的有定性。表格还呈现出的一个共同特点是，中心语在从句中最常见的句法成分是充当主语。

6.6　小结

这一章中我们主要探讨了英汉语关系从句中存在的争论焦点。探讨了英语和汉语中被关系化的名词短语如果是专有名词和代词的情况。通过对语料的分析我们发现，无论是英语还是汉语，都有关系从句对专有名词和代词进行限定的情况。我们由此验证和修正了对英汉语关系从句的第一个争论焦点：中心语为专有名词或是代词不是界定关系从句只能是修饰性而不是限定性充分条件。在一般情况下，英汉语的关系从句对专有名词和代词是进行描写，但是，如果在一定的语境中，如果需要对中心语进行缩小范围以示对比和识别的话，关系从句就起到限定性的功能。然后考察了英语句子中心语为有定名词短语和无定名词短语的情况，我们认为，中心语为有定名词和无定名词时，其后的限定性关系从句不同质，是因为有定名词短语和无定名词短语的属性差异造成的。有定名词短语具有确定特指的功能，因此其后的限定性关系从句不需要对其进行补充说明，只能起到缩小范围的限定作用，而无定名词短语往往具有不确定性，需要进一步对其进行补充说明，因此其后的限定性关系从句也可以具有补充说明的功能。对于英语关系从句的争论焦点3，我们同意文献中的观点，英语的限定性关系从句与非限定性关系从句在句法与语义上是相匹配的。限定性关系从句往往对中心语具有缩小范围的限定功能，即使是在中心语为指别度很高的专有名词和代词的情况下也是如此。而非限定性关系从句往往只对中心语作出补充说明，并非不可或缺。此外，我们利用语料中出现的实例，验证了汉语关系从句中的争论焦点2，我们的研究表明，指示代词在关系从句的前后位置与关系从句的功能区别没有必然的相关性。验证了争论焦点3，认为汉语关系从句的句法和语义并不匹配。汉语关系从句功能的鉴别主要需要通过具体的语境，视其语义而定。随后论述了关系从句的基本功能。指出，汉语关系从句最主要的功能是从一个认知域中确立出一个特定的成员，是限定性的。汉语关系从句的限定性因为受到语境和中心语的属性的影响而强弱不同，我们可以将其看着是一个连续体。其限定性主要体现在两个方面：确定指称和刻画概念。多重关系从句的排列顺序是确定指称的关系从句离中心语较远，而刻画概念的关系从句离中心语最近。同时还统计了汉语四部小说语料中限定性关系从句与非限定性关系从句在篇章中的分布情况。统计数据显示，在汉语中，修饰无定名词短语的关系从句主要是为了提高中心语的有定性，因此可以认为全部起到限定性的功能。而修饰有定名词短语的关系从句，主要功能是为了缩小中心语的指别范围，因此也是限定性的。但如果中心语是专有名词或者代词，大多数情况下，其功能主要是非限定性的。此外，在有前景信息提示的句子中，修饰有定名词短语的关系从句，其功能也是非限定性的。

第七章　英汉关系从句的翻译对比

　　在前面章节中，我们采用 Chesterman（1998）所提出对比分析的步骤：1）原始语料的收集；2）对比的标准和相似的制约条件；3）问题的提出和初始假设；4）检验假设；5）修正假设等详细探讨了英汉关系化存在的争论焦点。得出了我们的结论：在英语中，专有名词和代词后出现的关系从句主要是描写性的限而不是限定性的，但也可以出现具有限定功能的限定性关系从句；中心语为有定名词和无定名词对其后的关系从句的功能体现有一定影响。总体来说，修饰中心语为有定名词短语的限定性关系从句是典型的限定性关系从句。此外，英语的限定性关系从句和非限定性关系从句在句法和语义上是相匹配的。在汉语中，修饰专有名词和代词的关系从句大多数是非限定性的，但是如果关系从句的功能是为了帮助中心语进行对比和识别，关系从句就是限定性的。指示代词和数量词在关系从句的前后位置不能作为判断关系从句功能差异的标准。对汉语关系从句的功能判断，主要取决于语义和语用。汉语关系从句的基本功能是限定性的，主要体现为确定指称和刻画概念。但语境因素会消减关系从句的限定性功能。汉语关系从句的限定性与非限定性在句法和语义上并不匹配。

　　在对比功能分析的过程中，仅仅验证了假设，得出结论还不够，还需要对提出的新假设进行进一步的验证才能得出较为合理的、可证伪的结论。因此，我们在这一章中，主要通过考察翻译对等实例，进一步剖析英汉关系从句的异同，验证我们得出的上述结论。同时通过对英汉关系从句翻译实例的深入分析，总结出英汉关系从句进行互译时的"有标记的翻译策略"和"无标记的翻译策略"，对英汉关系从句的互译和教学提出可行性的建议。

7.1 通过翻译探讨英汉关系从句差异的理据

方梦之（1997：7）认为，翻译过程是语际转换过程。在转换过程中，双语对比在自觉、不自觉地进行着。通过对比，掌握英汉语之间的差异，掌握话语转换的规律，在翻译交际活动中充分表达原语的不同层次的意义。翻译中的双语对比可分两个方面，即文化对比和语言对比。反之，James（2005：175）认为，从语义和语用层面上来定义的翻译对等是语言对比可以采用的最好的对比基础（Tertium Comparationis，简称TC）。另一位学者 Stieg Johansson（2007：35 – 40）也认为大多数对比语言学家都会明确地或者是隐含地利用翻译作为进行跨语言对比的一种手段。而且，Stieg Johansson 认为双向平行语料库可以成为综合对比的理想平台，它所提供的双向对比有助于研究者深入了解两种语言的异同。

许多学者都通过翻译来考察语言中存在的差异，并取得了显著的成果。Chesterman（1991）利用翻译文本对英语和芬兰语的有定性范畴进行了对比研究。通过翻译对比，深化了对英语和芬兰语的有定性范畴研究，得出了令人信服的结论。认为英语的有定、无定不是简单的二元对立。冠词系统也不是简单的定冠词/不定冠词。Chesterman 提出了五个冠词的多元对立，认为从无定到有定或从有定到无定是一个有程度变化的渐变体。而芬兰语的对等用法靠"屈折形式"、"词序"、"功能词"（例如"有定代词"、"无定代词"等）、"语境" 等来实现。

我国学者许余龙（2005：12 – 15）年，通过定量分析双语语料 W. S. Maugham 的小说 Cakes and Ale 和章含之与洪晃的中译本《寻欢作乐》中的第五章，检验了英汉远近称指示词翻译对应的程度。通过定性分析双语语料 Cakes and Ale 等英语小说及其中译本，以及《家》、《子夜》、《倪焕之》等汉语小说及其英译本，找出了在表达什么样的距离概念时，英汉远近称指示词在使用上有差异。同样得出了如下令人信服的结论：

英汉远近称指示词的使用具有如下相似性：①在表达指称对象与说话者之间的实际距离近的时候，英汉两种语言都用近指词；②在表达指称对象与说话者之间的实际距离远的时候，英汉两种语言都用远指词。

但是，英汉远近称指示词的使用也具有如下差异：与英语近指词相比，汉语近指词可以更多、更自由地用来表达心理上的近。

可见，利用翻译文本进行语言间的比较，不但可以看出两种语言中存在的差异，而且可以进一步深化对源语的理解。

7.2　源语文本与翻译文本中关系从句的对应情况

英汉语中都存在修饰或者限定名词短语的关系从句。前面从原语文本语料探讨了英汉名词短语关系化的异同，这一章将从翻译视角，通过对比英汉互译语料，进一步考察英汉关系从句的异同。为了将译者的主观因素对译本的影响减少到最低，我们特意为每个原语文本选择了三个评价最好的不同译本。下表7-1列出了具体的译者和译作名。

表7-1　　　　　四个源语文本及其各自对应的三个不同译本

原著	译者	译著名
骆驼祥子	Jean James	*Rickshaw Boy*
	施晓菁	*Camel Xiangzi*
	Howard Goldblatt	*Rickshaw Boy*
边城	杨宪益、戴乃迭	*The Border Town*
	金隄、佩斯	*The Frontier City*
	KinkJey，Jeffrey C.	*Border Town*
Martin Eden	吴劳	《马丁．伊登》
	殷惟本	《马丁．伊登》
	孙法理	《马丁．伊甸》
Tess of The D'urbervilles	张谷若	《德伯家的苔丝——一个纯洁的女人》
	孙致礼，唐慧心	《苔丝》
	王忠祥，聂珍钊	《德伯家的苔丝》

我们选择译文版本的首要原则为忠实于原著。以上选择的十二部译著基本都忠实于原文，没有对原文进行改写的现象。因为只有译文忠实

于原著，才能利用译本进行英汉关系从句的对比研究。我们从译本中提取出了关系从句对应的翻译数量。分别用下表 7 - 2，7 - 3，7 - 4 和 7 - 5 来表示。

表 7 - 2　　　　　《骆驼祥子》三个译本中关系从句的对应数

	关系从句数	重合数	重合数	重合数	重合数
《骆驼祥子》原著	463				
James 译本	164	57	73		94
施晓菁译本	100	57	73	72	
Goldblatt 译本	128	57		72	94

表 7 - 3　　　　　《边城》三个译本中关系从句的对应数

	关系从句数	重合数	重合数	重合数	重合数
《边城》原著	275				
杨宪益、戴乃迭译本	42	12	17		25
金隄、佩斯译本	56	12	17	28	
Jefferey 译本	72	12		28	25

《骆驼祥子》的译者中出现了以汉语为母语的中国学者，如施晓菁；也有以英语为母语的外国学者，如 Jean James 和 Howard Goldblatt。《边城》的译者中也有以英语为母语的外国学者，如 KinkJey，Jeffrey C。其他两个翻译文本都是由中外学者合译完成的，杨宪益、戴乃迭版本和金隄、佩斯版本。从表 7 - 2，表 7 - 3 显示的数据中可以看出，外国译者将汉语关系从句译为对应英语关系从句的比例要稍微高于中国学者。《骆驼祥子》的 463 个关系从句中，译为对应英语关系从句的在 Jean James 译本中有 164 个，Howard Goldblatt 译本中有 128 个，施晓菁译本有 100 个。表 7 - 2 同时显示，Jean James 译本和 Howard Goldblatt 译本英译关系从句的重合数最高，为 94 个句子。仅就《骆驼祥子》中关系从句的英译来看，两位外国译者对关系从句的敏感度似乎要高于中国译者。或者说，就关系从句的英译而言，两位外国译者更多的是采取了直译的翻译策略。《边城》的译本中出现的情况与《骆驼祥子》的译本情况非常相似。在 275

个汉语关系从句中，国外学者 Jefferey 独译的版本中译为对应的关系从句有 72 个，其次在金隄、佩斯合译的译本中对应的关系从句出现了 56 个，最后是杨宪益、戴乃迭合译的版本中出现的对应关系从句为 42 个。表 7-2 与表 7-3 呈现的数据也同时显示，总体来看，将汉语关系从句译为对应的英语关系从句的比例并不高。

下面来看英语小说文本中关系从句的汉译情况。

表 7-4　　　　　　　　*Martin Eden* 三个译本中关系从句的对应数

	关系从句数	重合数	重合数	重合数	重合数
Martin Eden 原著	463				
吴劳译本	162	83	111		103
殷惟本译本	135	83	111	96	
孙法理译本	156	83		96	103

表 7-5　　　　*Tess of The D'urbervilles* 三个译本中关系从句的对应数

	关系从句数	重合数	重合数	重合数	重合数
Tess of The D'urbervilles 原著	275				
张谷若译本	81	48	62		59
孙致礼、唐慧心译本	76	48	62	62	
王忠祥、聂珍钊译本	88	48		62	59

表 7-4 和表 7-5 显示，*Martin Eden* 和 *Tess of The D'urbervilles* 各自的三个译本都由中国译者完成，从对应的汉译关系从句的数量来看，差异都不是很大。但是，汉译成对应关系从句的比例显然要高于英译汉语关系从句的比例。

以上简要分析了英语译本和汉语译本中关系从句的翻译情况，由于下面章节将会运用大量的英汉互译实例进一步验证前面章节探讨过的汉语关系从句的争论焦点，因此这里不再对上面四个表中展现的情况逐一举例说明。

7.3　汉译英语关系从句的对应与不对应

上一节简要分析了英汉译本中关系从句的互译情况，这一节重点通过翻译实例来分析 *Tess of The D'urbervilles* 和 *Martin Eden* 中限定性关系从句的结构特点。（之所以将非限定性关系从句排除，是因为语料中几乎所有出现的非限定性关系从句，都被译者们处理为独立的分句而非汉语的关系从句）

我们从翻译对等的角度分两步对其进行考察。一是考察同时被译者们汉译为对应关系从句的实例，二是考察同时被译者们汉译为非关系从句的实例。

7.3.1　*Tess of the D'urbervilles* 中关系从句汉译的对应与非对应

在小说 *Tess of the D'urbervilles* 中，三位译者同时将其汉译为对应的关系从句的实例中，有 39 个限定性关系从句（还有 1 个非限定性关系从句）。这些句子呈现出的共同特点是关系从句的结构不长，从句结构都没有超出十个单词。如：

例 7-1.

　　She had inherited the feature from her mother without *the quality it denoted.*

　　张谷若：她从她母亲那儿继承了这种特征，却没有<u>这种特征所表示的实质</u>。

　　孙致礼、唐慧心：她从母亲那里继承了这种特征，但却没有<u>这种特征所表示的特性</u>。

　　王忠祥、聂珍钊：她从母亲那儿继承了这种特征，但是却没有<u>这种特征所表示的本质</u>。

这个例子中的关系从句 "it denoted" 非常简短，只有两个单词。

在下面的实例分析中，出于简便的考虑，我们将张若谷的译本简称为张译，孙致礼、唐慧心的译本简称为孙译，王忠祥、聂珍钊的译本简称为王译。

我们同时注意到，有时候尽管英语关系从句的先行词已有一些修饰语，但因为关系从句比较简短，译者也会将其汉译为对应关系从句。如：

例 7 - 2.

Tess soon perceived as she walked in the flock, sometimes with this one, sometimes with that, that the fresh night air was producing staggerings and serpentine courses among the men who had partaken too freely; and *the young married woman who had already tumbled down.*

张译：还有一个就是<u>先前跳舞跌倒了的那个结过婚的年轻女人</u>。

孙译：还有一个就是<u>刚才跌倒在地的那个结过婚的年轻妇女</u>。

王译：还有<u>那个今天被绊倒了的刚结婚的年轻女人</u>。

也就是说，促使三位译者采取相同关系策略将 40 个（含有一个非限定性关系从句）英语关系从句汉译为对应的关系从句的根本原因在于这些英语关系从句的结构都比较简短。除了关系从句结构是影响译者策略的关键因素外，是否还有其他因素会对译者采取翻译策略产生影响，这些被译者都处理为对应汉语关系从句的英语原句，其句法构成又是怎样的，这是我们接下来要进行的研究。

我们分析了这 40 个英语原句中被关系化的名词短语的句法位置，得到以下数据：

表 7 - 6　　　　　*Tess of the D'urbervilles* 中 40 个英语原句中
被关系化的名词短语的句法位置

在从句中句法位置	出现频次	百分比	在主句中的句法位置	出现频次	百分比
SU	14	35%	OBL	23	58%
DO	13	33%	DO	8	20%
OBL	11	27%	SU	5	12%
GEN	2	5%	PRE	4	10%
合计	40	100%		40	100%

下面来看 *Tess of the D'urbervilles* 中 63 个限定性关系从句没有被任何一个译者处理为对应的汉语关系从句的情况，即同时被译者汉译为非汉语关系从句的情况。我们发现这些句子具有以下这些显著的特点，我们分别用一个实例加以说明：

一、中心语本身有较多的修饰语。如：

例7－3.

…some dream, some affection, some hobby, at least *some remote and distant hope which, though perhaps starving to nothing, still lived on,* as hopes will.

张译：一种梦想、一种爱情、一种心思、至少一种渺茫的希望，虽然也许因为所欲不遂而终于渐渐成为泡影，但是却依然不断地生长，因为希望原是这样的啊。

孙译：那是一种迷梦，一种痴情，一种癖好，至少是一种渺茫的希望，这种希望虽然可能正在化为泡影，但却依然活在人们心中，因为一切希望都是如此。

王译：有些梦想，有些纯情，有些偏爱，至少有些遥远而渺茫的希望，虽然也许正在化为泡影，却仍然还在不断地滋长，因为希望是会不断滋长的。

该句的中心语"hope"除了后面所跟的关系从句外，还有"some"、"remote"和"distant"对其进行修饰。此外，在关系从句中又有插入语"though perhaps starving to nothing"。因此，三位译者采取了相同的翻译策略，将其进行拆分，处理为三个独立的句子。

二、限定性关系从句较长。如：

例7－4.

The descendants of these bygone owners felt it almost as a slight to their family when *the house which had so much of their affection, had cost so much of their forefathers' money, and had been in their possession for several generations before the d'Urbervilles came and built here,* was indifferently turned into a fowl house by Mrs Stoke-d'Urberville as soon as the property fell into hand according to law.

张译：旧房主的子孙们，觉得这简直是寒碜他们家，因为这所房子是他们很爱护的，是曾经花过他们的祖宗很多钱的。

孙译：那些已故房子的子孙们觉得，这所房子曾经花过他们祖宗许多钱，德伯维尔家没来此大兴土木之前，他们祖祖辈辈就住在这里，对房子一直怀有深厚的感情。

王译：这在往日房主的子孙们看来，简直就是对他们家的侮辱，因为在德贝维尔家来到这儿住下以前，他们对这所房子都怀有深厚的感情，花费了他们祖先大量的金钱，房子也一直是他们好几代人的财产。

这是一个带有三个很长的并列谓语结构的关系从句："had so much of their affection"，"had cost so much of their forefathers' money" 和 "had been in their possession for several generations before the d'Urbervilles came and built here"。三位译者的翻译策略相同，都将其处理为独立的小句。

三、中心语充当旁语。

1）在主句中充当旁语。如：

例 7 - 5.

The luminary was a golden-haired, beaming, mild-eyed, God-like creature, gazing down in the vigour and intentness of youth upon *an earth that was brimming with interest for him.*

张译：这个光芒四射的物体，简直就是一个活东西，有金黄的头发，和蔼的头发，有和蔼的目光，神采焕发，仿佛上帝正在年富力强的时期，看着下面包罗万象的世界，觉得那儿满是富有趣味的事物。

孙译：这个发光体有着金黄色的头发，灿烂而又和煦的眼睛，犹如上帝一般，正朝气蓬勃、目不转睛地凝视着趣味横生的大地。

王译：这个发光的物体就是一个生灵，长着金色的头发，目光柔和，神采飞扬，好像上帝一样，身上充满了青春的活力，正目不转睛地注视着大地，仿佛大地上满是他感到有趣的事物。

句中的中心语 "an earth" 及其后的关系从句充当主句的旁语。三位译者都将其拆分处理。

2）中心语在从句中充当旁语，如：

例 7 - 6.

She had been made to break an accepted social law, but no law known to *the environment in which she fancied herself such an anomaly.*

张译：她不由自主所破坏了的，只是人类所接受的社会法律，而不是她四围的环境所认识的自然法律；她在她四围的环境中，也不是自己所想象的那样不伦不类。

孙译：她被迫违背了一条人类所接受的社会法律，但是并没违背周围环境所熟悉的自然法则，她只是想像自己与周围环境格格不入罢了。

王译：她被动地破坏了的只是一条已经被人接受了的社会律条，而不是为环境所认同的社会律条，可是她却把自己想象成这个环境中的一个不伦不类的人。

该句中的中心语"the environment"在从句中充当旁语。

3）先行词在主句和从句中都充当旁语，如：

例 7-7.

　　After some miles they came in view of *the clump of trees beyond which the village of Marlott stood.*

张译：走了几英里以后，看见了前面那一丛树，树那一面儿就是马勒村了。

孙译：走了几英里之后，一片树丛映入眼帘，马洛特村就坐落在树丛后面。

王译：走了几英里以后，他们看见了一小片树林，过了树林就是马洛特村了。

四、中心语引导的关系从句充当主句的旁语并且关系从句较长。

例 7-8.

　　…and in doing this he felt the necessity of recommencing with *a name that would not too readily identify him with the smart tradesman of the past, and that would be less commonplace than the original bald stark words.*

张译：既然如此，他就想，他一定得把他的姓氏改换一下；那个姓氏，得让人不能一下就认出来，他就是过去那个精明的买卖人，并且也不要象原来那个光秃秃、硬撅撅的姓那样平凡。

孙译：这样一来，他觉得有必要换个姓氏从头开始，这个姓氏既不要让人家一下就看出他是过去的那个精明商人，也不要像原先那个单调刻板的姓氏那么平庸。

王译：迁居过来的时候，他感到有必要改换一个名字，这名字既要避免别人一下子就认出他就是过去那个精明的商人，又要不像原来赤裸乏味的名字那样平凡。

中心语"a name"是主句的旁语,其后的关系从句由14个单词构成,属于比较长的句子。三位译者采取的翻译策略是,重复中心语,将其处理为一个独立的分句。

我们对这63个句子的中心语在主从句中的句法成分进行分析,就得到下列数据:

表7-7   *Tess of the D'urbervilles* 中63个英语原句中被关系化的
名词短语的句法位置

在从句中 句法位置	出现频次	百分比	在主句中的 句法位置	出现频次	百分比
SU	32	51%	OBL	34	54%
OBL	15	24%	DO	14	22%
DO	14	22%	SU	9	14%
GEN	2	3%	PRE	6	10%
合计	63	100%		63	100%

我们将表7-6与表7-7进行对比后发现:从句法功能来看,先行词在主从句中如果都充当旁语,那么将其译为非汉语关系从句的比例要高一些,其他没有显著差异。也就是说在翻译 *Tess of the D'urbervilles* 中的关系从句,是否将其译为对应的汉语关系从句,关系从句的长短起着决定性的因素。此外,先行词在主从句中如果都充当旁语,译者会倾向于将其处理为独立的句子而不是对应的汉语关系从句。*Martin Eden* 中是否会出现相似的情况,我们接着分析。

7.3.2 *Martin Eden* 中关系从句汉译的对应与非对应

在我们提取的463个 *Martin Eden* 的关系从句中,有370个限定性关系从句。其中有83个关系从句同时被译者汉译为对应的关系从句。是什么样的结构促使译者采取同样的翻译策略,通过剖析原句的结构特征,我们发现了其中非常明显的特点,即关系从句的长度都比较短,从句所包含的单词没有超过十个(只有一个句子例外)。这一显著特点与翻译

Tess of The D'urbervilles 中的关系从句的特点一致。但是我们也发现了一些差别。比如，有不少关系从句的句子结构没有超过十个单词，但依然被三位译者同时汉译为非关系从句。同样，出于简便的考虑，我们将吴劳的译本简称为吴译，殷惟本的译本简称为殷译，孙法理的译本简称为孙译如：

例 7 - 9.

　　He was feasting his love of beauty at *this table where eating was an aesthetic function.*

　　吴译：他的爱美的心理在这席上得到了餍足，在这里，吃东西是一种审美的行为。

　　殷译：在这张餐桌上吃具有了一种审美功能，因为他爱美的心理得到了极大的满足。

　　孙译：在这张桌子旁边进餐是一场审美活动，也是一种智力活动。在这里他尽情地满足着对美的爱。

这个例句中，尽管句子不长，但三位译者都将其汉译为非关系从句。其中两位译者，吴劳和孙法理采取的翻译策略相似，都将充当旁语的中心语处理为汉语的状语。又如下面的这个句子，关系从句十分简短。

例 7 - 10.

　　There were *other writers who possessed steam yachts.*

　　吴译：别的作家不是都有蒸汽游艇的吗！

　　殷译：有些作家是拥有游艇的。

　　孙译：其他的作家也有快艇呢！

该例句中关系从句只包含四个单词，但仍然没有被三位译者汉译为关系从句。

这些实例的出现引起了我们的思考。并不是所有结构简短的英语关系从句都会被译者们汉译为对应的关系从句。我们有必要对这 83 个英语限定性关系从句做更为细致的分析。我们的发现如下：

一、关系从句的长短是决定译者采取相同翻译策略的一个关键因素。如：

例 7 - 11.

　　Immediately, beside her, on either hand, ranged *the women he had* known.

吴译：一下子，他过去结交过的娘儿们都出现在她的两旁，排成一行。

殷译：顿时，在她的两旁排列起他认识的女人。

孙译：唉！他以前认识的那些女人呀！她们立即在那姑娘两旁排列开来。

该句的关系从句只包含三个单词。

例 7 - 12.

It was different from *the dance-hall piano-banging and blatant brass bands he had heard.*

吴译：这跟他听到过的跳舞厅里那乒乒乓乓的钢琴声和咪哩吗啦的铜乐队可不一样。

殷译：这音乐跟他听过的舞厅里的蓬蓬蓬的钢琴敲打声和喧嚣的铜管乐不同。

孙译：那音乐跟他所听过的砰砰敲打的舞厅钢琴曲和吵闹喧嚣的铜管乐是两回事。

该句尽管先行词有修饰语，比较长，但因为关系从句很短，同样被三位译者汉译为关系从句。

在这 83 个被三位译者都翻译成汉语关系从句的英语关系从句中，有 82 个关系从句的长度都在十个单词以内，只有 1 个例外：

例 7 - 13.

Then he carried the wheel up *the narrow stairway that clung like a fire-escape to the rear wall of the building*, and when he had moved his bed out from the wall, found there was just space enough in the small room for himself and the wheel.

吴译：随后，他把自行车搬上那道象太平梯般紧挨着屋子后墙的狭窄的楼梯，等他把床铺从墙边移开，发现这小房间刚好容得下他自己和那辆自行车。

殷译：接着，他把自行车沿着那道像防火楼梯一般紧贴着后墙的窄小楼梯搬上楼去，等他把床从墙壁移出后，他发现这间小屋子里刚刚容得下他自己跟那辆自行车。

孙译：然后他便把自行车扛上了紧贴房屋后壁窄得像太平梯一样的楼梯，再把自己的床从墙边挪开，便发现那小屋只装得下他和自行车了。

二、中心语在主从句中的句法位置也起着一定的因素。

以下是 83 个关系从句的中心语的句法位置分析：

表 7 – 8　　　*Martin Eden* 中 83 个英语原句中被关系化的
名词短语的句法位置

在从句中 句法位置	出现频次	百分比	在主从句中的 句法位置	出现频次	百分比
DO	40	48%	OBL	36	43%
SU	33	40%	SU	25	30%
OBL	10	12%	DO	19	23%
			PRE	3	4%
合计	83	100%		83	100%

下面考察 *Martin Eden* 中的所有被译者们同时汉译为非关系从句的限定性关系从句。共有 134 个限定性关系从句没有被任何译者翻译为对应的汉语关系从句。经过分析，我们发现这些英语限定性关系从句具有下列的特点，我们分别提取一个例句加以阐释：

一、中心语有修饰语修饰。如：

例 7 – 14.

He saw her yearning, hungry eyes, and *her ill-fed female form which had been rushed from childhood into a frightened and ferocious maturity*;

吴译：他看着她饥渴的眼睛、营养不足的女儿家的身子，这身子从童年时期匆匆进入叫人心惊的残酷的成熟时期；

殷译：他看到了她那祈求和饥饿的眼睛以及营养不良的女人身体；她的童年非常短暂，很快就发育成熟了，这使她既担心受怕又咄咄逼人；

孙译：他看见她那期待的眼神和她那营养不良的女性的身子。那身子正带着恐惧匆忙而残忍地成熟起来。

　　该句的先行词前有三个修饰成分，如果再加上其后的关系从句译为定语，就会显得生涩拗口，于是三位译者都将关系从句处理成为一个独立的分句。

　　二、关系从句比较长。如：

例7-15.

　　Hers was *that common insularity of mind that makes human creatures believe that their color, creed, and politics are best and right and that other human creatures scattered over the world are less fortunately placed than they.*

　　吴译：她的思想跟一般人的一样，是偏狭的，这种思想使人们以为他们自己的肤色、信念和政见才是最出色和最正确的，以为散处在世界各地的其他人们的地位就来得比较不幸。

　　殷译：她这种思想上的狭隘性不少人都有，他们总以为他们的肤色、信念与政治是无懈可击和最好不过的，而遍布全球的其他人却不像他们那么幸运。

　　孙译：她的心灵是常见的那种偏狭心灵。这种心灵使人相信自己的肤色、信条和政治是最好的，最正确的，而分居世界各他的其他的人则不如他们幸运。

　　这个例句的关系从句里又套叠了两个并列的宾语从句"that their color, creed, and politics are best and right"和"that other human creatures scattered over the world are less fortunately placed than they"。这样复杂的关系从句被三位译者都处理为几个并列的小句。

　　三、虽然关系从句不长，但是关系从句在主句中充当旁语。

例7-16.

　　But their heads were filled with *knowledge that enabled them to talk her talk*, the thought depressed him.

　　吴译：可是他们有一脑袋的知识，使他们能够讲她的那套话——这一想可叫他泄气了。

　　殷译：可是他们的头脑里装满了知识，有能力用她的语言谈话——这一想，他就泄气了。

孙译：但是他们却有满脑子知识，跟露丝有共同的语言，这一想他又蔫了下来。

四、先行词本身带有修饰语并且在主句中充当旁语。

例 7 - 17.

She wanted to lean toward *this burning*, *blazing man that was like a volcano spouting forth strength*, *robustness*, *and health*.

吴译：她巴望靠拢这熊熊烈火般的男人，他好像一座火山，喷射着力量、劲道和生气。

殷译：她不禁想要朝这个烈火般燃烧的男人靠上去。他就像一座火山，喷射出力量、强劲和健康。

孙译：因而想向这个熊熊燃烧的人靠近，向这座喷发着精力、雄浑和刚强的火山靠近。

五、先行词在从句中充当旁语。

例 7 - 18.

All the old fire and passion with which he had written it were reborn in him, and he was swayed and swept away so that he was blind and deaf to the faults of it.

吴译：当初写作时的那团火样的热情，又在他身子里燃烧起来，于是他被弄得心醉神迷，对它的缺点不见不闻了。

殷译：写作时那股烈火般的激情又重新萌发，他失魂落魄，不能自主，致使他觉察不到小说的缺点。

孙译：他当初写作时的火焰与热情又在他心里燃起．使他陶醉，因而看不见也听不到自己作品的缺点了。

六、先行词在主句和从句中都充当旁语。

例 7 - 19.

Then he chanced upon Kipling's poems, and was swept away by *the lilt and swing and glamour with which familiar things had been invested*.

吴译：后来，他偶然看到吉卜林的诗，看到这位诗人对熟悉的事物的描绘，那富有韵律、节奏和魅力，不由得给迷住了。

殷译：这时他偶然读到了吉卜林的诗。熟悉的事情竟被赋予如此强的魅力，加上其节奏的美感，使他简直着了魔一般。

孙译：然后他又碰上了吉卜林的诗，他为它们的韵律、节奏和他赋予日常事物的魅力所倾倒。

七、关系从句出现在存现句中。

我们在前面提到过并不是所有关系结构简短的英语关系从句都会被翻译成为相应的汉语的关系从句。我们发现，这样的情况往往出现在存现句中，如下列例句（7-20）和（7-21）。我们发现，不论是否内嵌有关系从句，英语的存现句"There be…"结构在汉语中常被翻译为"有…的"结构。

例 7-20.

Somewhere, stored away in the recesses of his mind and vaguely remembered, was the impression that there were *people who washed their teeth every day.*

吴译：他脑子的某个角落里藏着这一个模糊的印象：有些人是每天刷牙的。

殷译：在他心灵深处的某个地方原来藏着一个印象，此刻他依稀记了起来，似乎有人每天都刷洗牙齿。

孙译：在他心里的某个角落不知怎么存有一个模糊的印象：有些人每天要洗牙，

例 7-21.

There were *other writers who possessed steam yachts.*

吴译：别的作家不是都有蒸汽游艇的吗！

殷译：有些作家是拥有游艇的。

孙译：其他的作家也有快艇呢！

八、出现属格代词的关系从句。如：

例 7-22.

Life meant more to him than it meant to *these two girls whose thoughts did not go beyond ice-cream and a gentleman friend.*

吴译：生活的意义，对他来说要比对这两个姑娘来说更大，他们的思想总跳不出冰淇淋和男朋友的圈子。

殷译：这两位姑娘看生活只局限于冰淇淋加汽水，还有交一位体面的男朋友，而对他来说生活的意义远远超过这些。

孙译:他必须活得比这两个姑娘更有意义。她们只想着吃冰淇淋交男朋友。

我们对这 134 个限定性关系从句的先行词在主从句中的句法成分进行分析,得到下表:

表 7 - 9　*Martin Eden* 中 134 个英语原句中被关系化的名词短语的句法位置

在从句中句法位置	出现频次	百分比	在主句中的句法位置	出现频次	百分比
SU	85	63.4%	OBL	68	50%
OBL	25	18.7%	DO	29	22%
DO	20	14.9%	PRE	27	20%
GEN	3	2.2%	SU	10	8%
PRE	1	0.8%			
合计	134	100%		134	100%

将表 7 - 8 与表 7 - 9 进行对照后发现,除了与翻译 *Tess of The D'urbervilles* 的情况相似,中心语在主从句中都充当旁语,那么将其译为非汉语关系从句的比例要高一些外,其他还有一些比较明显的差异。其中一个非常明显的差异是中心语在从句中的句法位置。如上面两个表所示,在 134 个被同时处理为非汉语关系从句的英语原句中,中心语在主句中充当 PRE 成分的有 27 个句子,占 20%。而在同时将其汉译为关系从句的 83 个从句中,中心语在上句中充当 PRE 成分的有 3 个句子,仅占 4%。也就是说中心语在主句中充当 PRE,那么很容易被译者处理为非汉语关系从句。

另外一个明显差异是,在 134 个被同样处理为非汉语关系从句中,中心语在主句中充当 SU 成分的只有 10 个句子,仅占 8%。而在 83 个被翻译为对应汉语关系从句的从句中,中心语在主句中充当 SU 成分的有 25 个句子,占了 30%。另外在 134 个关系从句中,还出现了 3 个中心语在从句中充当属格的情况,而在 83 个从句中,没有出现这样的情况。

结合我们对 *Martin Eden* 和 *Tess of The D'urbervilles* 中限定性关系从句的汉译情况的分析,我们可以得出以下的结论:

第一,关系从句的长短是决定译者是否将其翻译为汉语关系从句的主要因素。这也反映出汉英关系从句形式上的一个主要区别,英语的关系从句可以很长,而汉语的关系从句往往较短。这与英汉语言的差异紧密相关。学者们大都认可英语属于"多枝共干型"语言,只要符合句法结构,许多修饰或补充成分都可以放在一个句子中,形成很大的句子。而汉语则相反,汉语是"以意统形"、"以神摄形"的语言。不同的语义往往通过用不同的短句表达。特别是由于汉语的修饰语通常前置于名词,而前置空间又相对有限,导致的结果只能将较长的修饰语转化为短语或者句子。也因此,如果英语关系从句结构较长,所包含的语义成分较多,往往会被译者处理为并列的短语或是并列的句子,而非我们所定义的汉语关系从句。

第二,中心语在主从句中的句法位置对译者采取不同的翻译策略也有一定影响。如果中心语在主从句中都充当旁语,则译者会倾向于将其处理为非汉语关系从句。如果中心语在主句中充当 PRE,译者也会倾向于将其处理为非汉语关系从句,如存现句"There be…"中出现的关系从句,译者们通常将其处理为非汉语关系从句。

7.4　英译汉语关系从句的对应与非对应

7.4.1　《骆驼祥子》和《边城》中关系从句英译的对应

我们先来看《骆驼祥子》中的关系从句的英译情况。在 463 个汉语关系从句中,有 57 个从句被三位译者同时处理成为对应的英语关系从句。我们对这 57 个汉语关系从句的结构进行分析,得出以下图表中的数据:

表 7－10　　　　　　　　《骆驼祥子》中 57 个句子的结构分析

	"这、那"结构 15 个	"那"居前	"那"居后	"这"居前	"这"居后
57 个关系从句	数量词或不定代词结构 18 个	7	4	4	0
		居前	居后		
	"所"字句 7 个	12	6		
	中心语为专有名词 5 个				
	"是…的人" 4 个				
	其他结构 8 个				

再来看《边城》中关系从句的英译情况，在 275 个汉语关系从句中，有 12 个从句被三位译者们都处理成为对应的英语关系从句。我们同样对这 12 个汉语关系从句的结构进行分析，得出以下图表中的数据：

表 7-11 《边城》中 12 个句子的结构分析

12 个关系从句	"那"结构 4 个	"那"居前	"那"居后
	数量词或不定代词结构 2 个	3	1
	"所"字句 2 个	居前	居后
	"把字句" 1 个	2	0
	中心语为专有名词 1 个		
	其他结构 2 个		

从以上图表的数据中我们大致可以看出促使三位译者采取相同关系策略的原因一二。

尽管指示代词或者数量词与汉语关系从句的前后位置不能作为区分汉语关系从句功能的必要条件，但是，在含有"的"的句式中，如果出现指示代词或者数量词，可以作为汉语关系从句比较典型的标记。

其次，"所"字结构也是汉语关系从句的标记之一。对于"所"字结构，鲍克怡（1988：242）在《现代汉语虚词解析词典》中有过比较详细的描述：

> 助词"所"不能单独使用，而是要加在动词前面，极少数形容词前面也可以加"所"，结合成一个整体，构成"所"字结构。分析句子时，不能把"所"与它后面的词拆开。"所"与动词结合在一起，后面紧跟名词，"所"字结构就修饰这个名词，成为定语；这时二者之间必须加"的"。例如："所说的话"、"所读的书"。

可见"所字结构"作为比较典型的定语结构，是促使三位译者将其同时处理为对应的英语关系从句的原因之一。

最后，如果被关系化的中心语为专有名词或者代词，也容易被译者汉译为对应的关系从句。

我们总结归纳这三点后发现，不论是出现指示代词"这""那"，或者是数量短语，专有名词，代词，以及"所"字结构，其实都是增强了对句子的识别度，因为这些词语和句型本身就都具有较高的可别度。

7.4.2　《骆驼祥子》和《边城》中关系从句英译的非对应

这一节要考察的是都被译者处理为非对应的关系从句的情况。《骆驼祥子》中共有184句关系从句未被任何一个译者英译为对应的关系从句。这些句子所显示出的明显特征如下：

一、关系从句修饰人，表类指时，译者倾向于将其英译为名词短语。如"管账的冯先生"，"打牌的人们"，"爱书的人"，译者们都用了英语名词短语表达。

例7-23.

> t 管账的冯先生，这时候，已把账算好：
>
> James 译本（以下简称 James）：By this time, *Mr. Feng*, *the accountant*, had got the books totaled.
>
> 施晓菁译本（以下简称施）：By this time, *Mr. Feng the accountant* had finished an inventory of the gifts：
>
> Goldblatt 译本（以下简称 Goldblatt）：By then, *Mr. Feng the accountant* had tallied up the gifts：

三位译者都将关系从句处理为同位名词短语"Mr. Feng the accountant"。

例7-24.

> t 打牌的人们以为刘四爷又和个车夫吵闹，依旧不肯抬头看看。
>
> James：As far as *the mahjong players* were concerned, Mr. Liu was having another one of his arguments with a rickshaw man and, as before, they weren't interested in taking a look.
>
> 施：*The mahjong players* did not pause or look up, as they imagined it was just Fourth Master Liu quarrelling again with some rickshaw puller or other.
>
> Goldblatt：while *the mahjong players* went on with their game, since

Fourth Master yelling at one of his employees was nothing new.

三位译者都将"打牌的人"英译为"the mahjong players"。

例 7 - 25.

　　可是t爱书的人见书就想买，养马的见了马就舍不得，有过三把儿骆驼的也是如此。

James：He was well aware it would do him no good to buy them but, like *a bibliophile* who sees a book and promptly wants to buy it and a horse breeder who sees a horse and can't do without it，this former owner of more than three camel trains could not let these camels go.

施：But just as *a bibliophile* wants to buy every book he sees and a stud owner hankers after new horses，a man who has had three caravans of camels is always eager for more.

Goldblatt：But *a book lover* can be counted on to buy a book，and a horse fancier cannot pass up a stud for sale. A trader who's owned three camel trains is no different.

"爱书的人"有两位译者用了"a bibliophile"一词，一位译者翻译成名词短语"a book lover"。

　　二、关系从句出现在"像……"或者"仿佛是……"之后，译者倾向于将其英译为名词短语。如：

例 7 - 26.

　　虎妞刚起来，头发髭髭着，眼泡儿浮肿着些，黑脸上起着一层小白的鸡皮疙瘩，象t拔去毛的冻鸡。

James：Hu Niu had just got up. Her hair was tangled and her eyelids somewhat swollen. Her darkish face had little bumps on it like *the skin on a freshly plucked chicken*.

施：Tigress had just got up，her hair was tousled，her eyelids were slightly swollen. And her dark face was covered with tiny white pimples，just like *a frozen plucked chicken*.

Goldblatt：Huniu had just gotten up；her hair was mussed，her eyes puffy，and her swarthy face dotted with goose bumps，like *a plucked chicken*.

该句的关系从句"拔去毛的"出现在动词"像"之后，三位译者都将其处理为一个名词短语。一位将其译为"the skin on a freshly plucked chicken"，一位将其译为"a frozen plucked chicken"，另一位将其译为"a plucked chicken"。

又如以下例句：

例 7 - 27.

他对她，对自己，对现在与将来，都没办法，仿佛是 t 碰在蛛网上的一个小虫，想挣扎已来不及了。

James：There was nothing he could do about her, about himself, about the present or the future. It was as if he were *a little insect caught in a spider's web* trying to break free and never succeeding.

施：He no longer knew how to cope with her, with himself, with the present or the future. He was like *a little bug caught in a spider web*; however much he struggled, it was too late.

Goldblatt：Feeling lost, he could not deal with her, with himself, with the present, or with the future; like *an insect caught in a spiderweb*, to struggle was futile.

"碰在蛛网上的一个小虫"被三位译者都处理为"名词 + 过去分词 + 介词短语"的结构。

从我们对翻译语料的分析中发现，译者都将"像"处理为一个介词而不是动词。语料中出现在"像……"和"仿佛是……"之后的关系从句，译者几乎都将其英译为"like + NP"。

三、关系从句非常简短。如：

例 7 - 28.

就是赁来 t 的车，他也不偷懒，永远给人家收拾得干干净净，永远不去胡碰乱撞；

James：Of course he wasn't careless with *a rented rickshaw*. He always kept it clean and never ran into things,

施：Even with *a rented one* he never slacked, keeping it clean and well-polished and taking good care not to bump or damage it.

Goldblatt：He didn't slack off just because it was *a rental*; he always cleaned it up after bringing it in for the day, and took pains to keep from damaging it.

例 7 - 29.

　　祥子摸着了 t 已断的一截车把："没折多少，先生还坐上，能拉！"

James: Hsiang Tzu felt *the broken shaft*. "There's not much broken, sir. You can still ride. I can pull it!"

施: Xiangri felt *the broken shaft*. "It's not badly broken. Get in, sir, I can pull it. "

Goldblatt: Xiangzi felt *the broken shaft*. "It's not a bad break," he said. "Please, get back on. I can still pull you. "

该例句中的"已断的一截车把"被三位译者都英译为"the broken shaft"。

例 7 - 30.

　　看看身上的破衣，再看看身后的三匹 t 脱毛的骆驼，他笑了笑。

James: Looking again at his torn clothes and then back at *the three shedding camels* behind him, he smiled.

施: Laughing at his own tattered clothes and *the three moulting camels* behind him,

Goldblatt: He looked down at his threadbare clothes, then at *the molting camels* behind him, and he laughed.

"脱毛的骆驼"被两位译者英译为"molting camels"，被一位译者英译为"shedding camels"。

例 7 - 31.

　　家里的不是个老婆，而是个 t 吸人血的妖精！

James: That was no proper wife at home, she was *a bloodsucking monster*!

施: It wasn't a wife waiting there for him but *a blood-sucking vampire*!

Goldblatt: It wasn't a wife who was waiting for him—it was *a blood-sucking demon*!

四、关系从句用以描写中心语的某种状态或者特征，往往也会被译者们英译为前置形容词，或者后置介词短语。如：

例7-32.

可是，连自己的事也不大能详细的想了，他的头是那么虚空昏胀，仿佛刚想起自己，就又把自己忘记了，像t 将要灭的蜡烛，连自己也不能照明白了似的。

James：But he couldn't even think carefully about himself, either. His head was so empty and befuddled it seemed that no sooner had he thought about himself than he forgot what he was thinking. His mind was like *a candle about to burn out* that can't even illuminate itself.

施：It was as if just as he remembered himself, he forgot himself again, like *a guttering candle* trying to illuminate itself.

Goldblatt：he no sooner had thoughts about himself than he forgot them, like *a dying candle* that won't light.

例7-33.

只有那些锣鼓在新年后的街上响得很热闹，花轿稳稳的走过西安门，西四牌楼，也惹起t 穿着新衣的人们——特别是铺户中的伙计——一些羡慕，一些感触。

James：The sedan chair moved sedately past the Hsi An Gate and the west double *p'ai lou* arousing a little envy and a little emotional excitement in *the wearers of new clothes*, the shop clerks in particular.

施：The procession made its way steadily past Xi'anmen Gate and the Xisi Arch, arousing the envy and stirring the emotions of *the spectators in their new clothes*, especially the shop-attendants.

Goldblatt：She made her way steadily past Xi'an Gate and Xisi Arch, arousing the envy and stirring the emotions of *people in their new clothes*, especially clerks in shops along the way.

"穿着新衣的人们"被三位译者都英译为带后置介词短语的名词短语。

例7-34.

祥子有主意：头一个买卖必须拉个t 穿得体面的人，绝对不能是个女的。

James: Hsiang Tzu decided that his first customer must be *a well-dressed man*. It absolutely must not be a woman.

施: Xiangzi decided that his first fare must be *a well-dressed gentleman*, on no account a woman,

Goldblatt: He had an idea: his first ride had to be *a well-dressed man*, not a woman.

五、关系从句为主谓结构，或者是并列的从句时，译者倾向于将其英译为短语。如：

例 7-35.

把屋子也收拾利落了，二太太把个 t 刚到一周岁的小泥鬼交给了他。

James: Once he had the rooms straightened up and tidy, the junior wife handed him *a muddy little one-year-old imp*.

施: The rooms cleaned up, the No. 2 wife thrust *a muddy brat barely one year old* into his arms.

Goldblatt: But he went ahead and swept them clean, just in time to have *a grubby little one-year-old thrust* into his arms by the concubine.

"刚到一周岁的小泥鬼"被三位译者都英译为一个名词短语，一位译为"a muddy little one-year-old imp"，一位将其译为"a muddy brat barely one year old"，另一位将其译为"a grubby little one-year-old"。

例 7-36.

平日，他觉得自己是 t 头顶着天，t 脚踩着地，t 无牵无挂的一条好汉。

James: Ordinarily he thought of himself as *a fine fellow without ties or hindrances. His head reached the sky and his feet pressed the earth.* He was involved in nothing and entrapped in nothing.

施: Usually he felt proud of being *a stout fellow with his feet on the ground, able to hold up the sky, free as the wind with no ties to anyone.*

Goldblatt: Most of the time he saw himself as *a hardy young man, feet on the ground and holding up the sky, independent and carefree.*

该句中三个并列的关系从句"头顶着天，脚踩着地，无牵无挂的"被两位译者处理为并列的短语，分别是"a stout fellow with his feet on the ground, able to hold up the sky, free as the wind with no ties to anyone"，"a hardy young man, feet on the ground and holding up the sky, independent and carefree"，另一位译者将其英译为一个短语和一个独立的句子："a fine fellow without ties or hindrances. His head reached the sky and his feet pressed the earth."

通过对上面实例的分析我们发现，英译汉语关系从句时，译者们最常采用的策略是将其处理为一个复杂名词短语，以中心语前有形容词、现在分词和过去分词，或者是以"中心名词 + 介词短语"的形式出现。

我们接下来看《边城》的关系从句中被三位译者都英译为非对应关系从句的情况。在《边城》275 个关系从句中，有 120 个从句没有被任何译者英译为对应的关系从句。我们对这些从句进行仔细分析，发现具有以下特点：

一、关系从句极为简短，只有一两个字。如：

例 7 - 37.

因为这一天军官、税官以及当地t有身份的人，莫不在税关前看热闹。

杨宪益、戴乃迭译本（以下简称 Glady）：So today all *the notables of the town*, including army officers and customs officials, gather there to watch the fun.

金隄、佩斯译本（以下简称金）：the boats started from the long pool downstream and finished just outside the Revenue Office, where the army officers, tax-gatherers and *other important officials* were waiting.

KinkJey, Jeffrey 译本（以下简称 Jeffrey）：The local military officers, customs officials, and *all people of importance* gathered at the customs house this day to take in the excitement.

例 7 - 38.

深潭为白日所映照，河底小小白石子，t有花纹的玛瑙石子，全看得明明白白。

Glady：In sunlight, even the white pebbles on the river bed and *the veins on the cornelian pebbles* stand out distinctly.

金：and when the sun is shining you can even watch the fishes gliding in remote depths and *the small red stones* which are known in these parts as "flowering cornelians. "

Jeffrey：When the sun shone on the deep parts, the white pebbles and *striated carnelian stones* at the bottom were visible clear as could be, along with fish darting to and fro as if floating in air.

二、修饰人或物，表类指。如：

例 7 - 39.

今天t过渡的人特别多，其中女孩子比平时更多，翠翠既在船上拉缆子摆渡，故见到什么好看的，极古怪的，人乖的，眼睛眶子红红的，莫不在记忆中留下个印象。

Glady：*Many people take the ferry today*, including more girls than usual.

金：*There was an extraordinary number of people crossing the ferry*, and far more girls than ever before.

Jeffrey：*More people than usual needed ferrying today*, especially girls. Cuicui pulled them across on the boat, so they made a deep impression on her：the pretty ones, the funny-looking ones, the nice ones, ones with reddened eyes.

例 7 - 40.

于是长潭换了新的花样，水面各处是鸭子，各处有t追赶鸭子的人。

Glady：This provides a new spectacle—a river dotted with drakes chased by *good swimmers*.

金：At such moments the pool was unrecognisable：full of *swimmers* wildly pursuing the green-headed drakes, until silence came and dusk covered the sky.

Jeffrey：Thereupon the river at Long Depths hosted a unique spectacle：a stream simply covered with ducks—and *people swimming after them*.

例7-41.

　　t新来的人茶也不吃，便在船头站妥了，翠翠同祖父吃饭时，邀他喝一杯，只是摇头推辞。

　　Glady：*The newcomer* takes his place on the boat, refusing all offers of tea and wine with a firm shake of his head.

　　金：*The newcomer* refused the tea that was offered him, and at once took up his station in the boat. Grandfather tried to press on him a glass of wine. Again he refused

　　Jeffrey：Unwilling even to stop for tea, *the newcomer* took a position in the prow of the boat. Cuicui and Grandpa had invited him in during their meal, but he shook his head.

例7-42.

　　到了t卖杂货的铺子里，有大把的粉条，大缸的白糖，有炮仗，有红蜡烛，莫不给翠翠很深的印象，回到祖父身边，总把这些东西说个半天。

　　Glady：All she sees *in the grocery* impresses the girl：the stacks of vermicelli, the huge vats of sugar, the fire-crackers and red candles—she will talk about these for hours when she gets home.

　　金：Whatever she saw *in the shops* was deeply impressed in her mind. The bundles of rice noodles, the jars of white sugar, the fire crackers and the red candles so filled her mind that long after she returned she was still talking to Grandfather about them.

　　Jeffrey：What she would see *in the general store*—big piles of thin noodles made from bean starch, giant vats of sugar, firecrackers, and red candles—made a deep impression on her.

例7-43.

　　大清早，t帮忙的人从城里拿了绳索杠子赶来了。

　　Glady：Bright and early *the helpers* bring ropes and poles out from town.

　　金：In the early morning *men* came from the city with ropes and poles.

Jeffrey: Bright and early the next day, *friends* came from town, bringing ropes and carrying poles.

例 7 - 44.

再过一会，对河那两只长船已泊到对河小溪里去不见了，<u>t 看龙船的人</u>也差不多全散了。

Glady: Presently the two dragon boats from the further bank rowed into a backwater and disappeared. Most of *the spectators* had scattered.

金: Soon the two long boats belonging to the people on the other bank were moored in a small bay and disappeared from sight. Most of *the onlookers* too had disappeared.

Jeffrey: Soon two long boats from the other shore moved into a small tributary and disappeared. Nearly all *the spectators* had dispersed, too.

例 7 - 45.

白日里，老船夫正在渡船上同个 <u>t 卖皮纸的过渡人</u>有所争持。

Glady: One day the old ferryman has words with one of his passengers, refusing to take the money which *this paper merchant* proffers.

金: That morning the old ferryman quarrelled with *a paper merchant*. He refused to take the money the merchant wanted to give him.

Jeffrey: One day the old ferryman got into an argument with a passenger, *a seller of wrapping paper*.

三、有完整主谓结构的关系从句。如：

例 7 - 46.

翠翠来不及向灶边走去，祖父同<u>一个年纪青青的 t 脸黑肩膊宽的人物</u>，便进到屋里了。

Glady: Before she can go out to the kitchen, in comes her grandfather with *a dark, broad-shouldered young man*.

金: Green Jade scarcely had time to run to the oven when Grandfather entered the cottage, followed by *a dark, broad-shouldered young man*.

Jeffrey: Before Cuicui could escape into the kitchen, Grandpa entered the house with *a young man*. He was dark and broad-shouldered.

例 7 - 47.

　　那边一个 t 眉毛扯得极细脸上擦了白粉的妇人就走过来问：

Glady：Then *a woman with plucked eyebrows arid a powdered face* will come to ask,

　　金：As you did so, *a heavily powdered woman with plucked eyebrows* would ask：

　　Jeffrey：*A woman with a white powdered face and finely plucked eyebrows* would come over and ask.

　　通过以上 7.3 节和 7.4 节对英汉翻译文本中关系从句译文的对应与非对应的对比分析，我们发现，英语关系从句汉译为对应关系从句的数量要明显高于汉语关系从句英译为对应关系从句的数量。此外，英语中的非限定性关系从句在翻译语料中几乎全都被汉译为独立的从句。这也正好验证了我们对英汉语关系从句的争论焦点 3 得出的看法，英语的关系从句限定性与非限定性之间有句法与语义上的匹配，这一现象已被大多数学者所接受，因此英语关系从句被汉译为对应的关系从句的比例才会远远高于汉语关系从句英译为对应关系从句。汉语关系从句的限定性与非限定性没有句法与语义上的匹配，汉语关系从句的限定性与非限定性的区别只能依靠具体的语境与中心名词的属性进行判断，再加上汉语中会出现许多表类属的简短的关系从句，根据语言的经济原则，往往可以用简短的英语单词或者短语来翻译。

7.5　从英汉关系从句的互译来看汉语关系从句的两个争论焦点

　　我们通过 7.3 和 7.4 节对英汉翻译语料中关系从句的对应与不对应的考察验证了英汉关系从句存在的争论焦点 3，证明英语的关系从句限定性与非限定性之间句法与语义上是大致相互匹配的。而汉语关系从句的限定性与非限定性没有句法与语义上的匹配。在这一节中，我们继续利用英汉互译语料验证汉语关系从句中存在的另外两个争论焦点：中心语为专有名词或代词的关系从句是否具有限定性以及指示代词与关系从句的前后位置与关系从句的功能体现是否具有必然的关系。

7.5.1 通过翻译文本验证中心语为专有名词或代词的关系从句是否具有限定性

下面我们通过翻译语料来考察英汉关系从句中如果中心语为指称唯一的名词或是代词的关系从句的情况。

很多学者都认为汉语的关系从句与英语的关系从句具有相似之处，如果所修饰的中心语为专有名词时，关系从句是非限定性的。比如，文旭、刘润清（2006：113）就曾明确提出，限定性关系小句与非限定性关系小句之间的区别还可以进一步用"指称唯一"的中心语来说明，例如专有名词或代词、指称唯一的有定名词。修饰这样的中心语的关系小句是非限定性的，而不是限定性的。但是，从我们的语料中很容易就找到反例。我们首先看英语小说 *Martin Eden* 原文中的例句：

例 7-48.

The men of literature were the world's giants, and he conceived them to be far finer than *the Mr. Butlers who earned thirty thousand a year and could be Supreme Court justices if they wanted to.*

吴译：文学家是世界闻名的大人物，他以为，他们远比挣三万块钱一年、只要愿意就可以当上最高法院法官的勃特勒先生之流来得出色。

殷译：文学家是天之骄子，他认为他们比勃特勒先生之流更为高尚，尽管这些人年薪三万，而且只要愿意就能当上最高法院法官。

孙译：文学家是世界的巨人，他认为他们比每年能赚三万元若是愿意便可以当最高法院法官的巴特勒先生之流要优秀得多。

例 7-49.

"Mr. Eden," was what he had thrilled to-*he who had been called " Eden," or "Martin Eden," or just "Martin," all his life.*

吴译：使他心里卜卜跳的是"伊登先生"这个称呼——他一辈子尽被人家叫作"伊登"，"马丁·伊登"或者光是"马丁"。

殷译：使他特别兴奋的是"伊登先生"这个称呼，他一辈子只听到别人叫他"伊登"，"马丁·伊登"或者干脆叫他"马丁"。

孙译：是"伊登先生"这个称呼激动了他——这一辈子他都被

人叫做"伊登","马丁·伊登"或者是"马丁"。

例 7 - 50.

The placid poise of twenty-four years without a single love affair did not fit her with a keen perception of her own feelings, and *she who had never warmed to actual love* was unaware that she was warming now.

吴译：二十四年来，一直过着平静如水的生活，从来没有闹过恋爱，弄得她知觉迟钝，无从辨别自己的感情，而从来没有被真正的爱情激起过热情来的她，这会儿就不知道自己正在被激起热情来啦。

殷译：在二十四年平静如水的生活里她从来没有谈过恋爱，因此她也没有条件对自己的感情培养起敏锐的感觉；从来没有升温至真正爱情境界的她此时并不知晓自己的热情正在冉冉上升。

孙译：她二十四岁了，一向平静稳重，从没恋爱过，可这并没有使她对自己的感情敏锐起来。这位从未因真正的爱情而动心的姑娘并没意识到她已怦然心动。

以上例句的中心语分别是专有名词"the Mr. Butlers"，代词"he"和"she"，但其后出现的却是限定性关系从句。

我们在一般的英语语法书中常可见到在探讨英语关系从句限定性与非限定性关系从句的区别时，其中有一条就是限定性关系从句不能修饰指称唯一的名词，如专有名词或是人称代词。虽然 Quirk（1985：1727）提到过："一个人称代词 + 一个关系代词"只能出现在古体或十分正式的语境中：如"He who made this possible deserves our gratitude."并且提出，如果"he"是类指，那么下面这个句子，虽然听起来也有点古色古香，但就比较容易接受："He who helps the handicapped deserves our support."然而如果我们仔细分析 *Martin Eden* 原文中出现的这三个违背一般语法规则的例句时，我们发现，作者之所以采用在专有名词"the Mr. Butlers"后面使用限定性关系分句，除了"the Mr. Butlers"表示"类指"这一类人外，更重要的是通过利用后面的限定性关系分句来辨识这一类人的特点。同样的，在代词"he"后用了限定性关系分句而不是非限定性关系分句，其目的是为了突出强调别人对他的称谓的区别。是被人家称为"伊登"，"马丁·伊登"或者仅仅是"马丁"的时候的他。而在"she"

后用了限定性关系从句也是为了限定"她"的所指，是为了将"现在被激起热情来的她"与"从来没有被真正的爱情激起过热情来的她"进行区别。

我们在《骆驼祥子》的三个译本中发现了类似的英译：

例7－51．

拉着铺盖卷，他越走越慢，好像自己已经不是t拿起腿就能跑个十里八里的祥子了。

James：He dragged the rickshaw slower and slower，as though he was no longer *the Hsiang Tzu who just lifted his foot and ran ten li*.

施：Bedding in tow，he walked more and more slowly，as if he were no longer *the Xiangzi who could up and run eight or ten li at a stretch*.

Goldblatt：His steps slowed as he walked along，bedding under his arm，as if he were no longer *the Xiangzi who could easily run a mile or more without stopping*.

例句（7－51）的中心语是专有名词"祥子"，但三位译者都将其处理为英语的限定性关系从句，而不是非限定性关系从句。

通过对（7－48）、（7－49）、（7－50）和（7－51）四个例句的仔细分析，我们发现了其中存在的共同点：从语义上来看，这四个句子的中心语都需要限定性关系从句对其进行限定以示区别。如例句（7－48）需要限定性关系从句将其范围缩小到"巴特勒先生之流"；例句（7－49）是为了将其与被冠之以其他称谓的"他"区别开来；例句（7－50）是为了将其与"现在被激起热情来的她"进行区别。而例（7－51）则更为明显，关系从句将其限定在"曾经的祥子"，以示与"现在的祥子"的区别，含有比较之意。所以，关系从句的功能都是限定性的，而不是非限定性的。我们在前面提到过，关系从句的限定功能除了有确定指称的作用外，还有刻画概念的功能。这四个例句中的关系从句的功能相比确定指称而言，更接近于刻画概念。

由此我们可以进一步证明，中心名词是否为指称唯一的名词也不能作为区别汉语关系从句功能的必要条件。一般来说，英汉关系从句的中心语如果是表示指称唯一的名词，比如专有名词和代词，关系从句的功能是非限定性的。但是，如果关系从句修饰的专有名词含有缩小范围或为了进行对比以示区别之意，其功能则应该是限定性的。我们认同杨彩梅（2009：211）的观点，认为汉语关系从句有限制性和非限制性的区别，其限制性、非限制性取决于中心名词的"可缩小性"、"不可缩小性"。后者由中心名词所在语境的语义或语用特征决定。

7.5.2　从翻译文本验证指示代词与关系从句的前后位置与汉语关系从句功能差异的关系

接下来，我们通过关系从句的翻译语料考察汉语关系从句的争论焦点2：指示代词在关系从句的前后位置是否决定关系从句的功能差异。因为英语的限定性与非限定性的区别在形式上就有明显的标记区别，因此我们先来看汉语带有指示代词的关系从句在英语译文中的体现方式。

我们首先考察在《骆驼祥子》中找到的463个关系从句的英译情况。James 将其译为相应的英语关系从句的有164句；Goldblatt 将其英译为关系从句的128句；施晓菁将其译为相应的英语关系从句的有100句；三位译者同时将其译为英语关系从句的有57句。为了验证汉语关系从句的假设2，我们考察了三位译者将其同时翻译为英语关系从句的57个汉语关系从句。我们发现关系从句位于"那"之前的有5个句子，位于"那"之后的有7个句子，位于"这"之后的有4个句子，没有出现位于"这"之前的关系从句。我们重点考察这16个汉语关系从句在被处埋成英语关系从句时有无出现英语限定性关系从句与非限定性关系从句的区别，因为英语关系从句的限定性与非限定性在形式上以有无逗号作为区别。通过考察，我们发现，三位译者将这16个汉语关系从句无一例外地全都处理为英语的限定性关系从句。关系从句与指示代词"这""那"的前后位置在英语译文中没有体现出限定性与非限定性的区别。如：

例7-52.

只要他的主意打定，他便随着心中所开开t的那条路走；

James：He needed only to decide；then he would follow *the road his mind had opened*.

施：His mind made up, he embarked upon *the course he had mapped out*；

Goldblatt：He followed *the road his instincts told him to travel*.

例 7 - 53.

　　可是，他是低声下气的维持事情，舍着脸为是买上车，而结果还是三天半的事儿，跟<u>那些 t 串惯宅门的老油子</u>一个样，他觉着伤心。

　　James：But he had kept his voice low and held his temper to keep that job. He had lost face so he could buy a rickshaw and all he got was another three and a half day job. He was not better than *those good-for-nothings who were hired and fired all the time*. It made him feel sad.

　　施：But for the sake of buying a rickshaw he had worked away so meekly and lost so much face, only to have the job peter out again after three and a half days. He was no different from *those crafty fellows who make a habit of changing jobs frequently*, and it was this that rankled.

　　Goldblatt：and as a result had worked a total of three and a half days, no different from *those men who willfully went from job to job*.

例 7 - 54.

　　晚间无事的时候，他钉坑儿看着<u>这个 t 只会吃钱而不愿吐出来的瓦朋友</u>，低声的劝告：

　　James：When he had nothing to do at night he would stare fixedly at *his clay friend who only ate money and never spit it out*. Softly he urged it,

　　施：In the evenings when he was free, he would stare fixedly at *this clay friend who could only swallow money but not disgorge it*.

　　Goldblatt：At night, when he had nothing to do, he stared at *the new friend that knew how to swallow money but not give it up*.

　　虽然译者在翻译时会受到多种因素的影响，尤其是遣词造句的风格各不相同，加之语言之间的行文差异，相同的句式可能会有多种译文的表达形式。但是，三位译者同时将 16 个汉语关系从句的译文处理成为英语的限定性关系从句，这样高的重合率应该不是偶然。至少这一现象会让我们对假设 2 提出质疑。

　　我们接着看《边城》中的情况。我们从《边城》从提取到 275 个汉语关系从句，Glady 将其处理为对应英语关系从句的有 42 句；金堤将其处理成为对应英语关系从句的有 56 句，Jefferey 将其处理为对应英语关系从句的有 72 句。在对三位译者都将其处理成英语关系从句的 12 个句子进行分析后，我们发现了与《骆驼祥子》关系从句英译的相似情况。指示代词"那"在关系从句的前后位置没有对译者将其处理成限定性关系从句产生影响。如：

例 7-55.

管理这渡船的，就是 t 住在塔下的那个老人。

Glady：This ferryman is *the old fellow who lives just below the pagoda*.

金：Now the ferryman was *the old man who lived in the cottage which lay beneath the pagoda*.

Jeffrey：The ferryman was *the old man who lived below the pagoda*.

例 7-56.

到了冬天，那个圮坍了的白塔，又重新修好了。可是那个 t 在月下唱歌，使翠翠在睡梦里为歌声把灵魂轻轻浮起的年青人，还不曾回到茶峒来。

Glady：When winter comes a new white pagoda is completed. But *the young man whose serenading in the moonlight made Emerald's heart soar up lightly in her dreams has not come back to Chatong*. He may never come back. Or he may come back tomorrow.

金：During the winter the ruined pagoda was erected again，but still there was no sign of *the young man who had sung on these cliffs on a moonlight night and who，by his songs，had lifted her heart to the stars*. He had not returned.

Jeffrey：Come winter, the white pagoda that had collapsed was good as new. *The young man who had sung under the moonlight，softly lifting up Cuicui's soul from her dreams，had not yet returned to Chadong*.

通过以上这些例证，我们可以认为，指示代词位于汉语关系从句的前后位置并不能作为区别汉语关系从句限定性与非限定性的必要条件。我们不妨通过考察被译者同时处理为汉语关系从句的原句，看看是否有限定性关系从句和非限定性关系从句，从而进一步验证我们的观点。*Martin Eden* 的 463 个关系从句被吴劳译为对应的关系从句有 162 个，被殷惟本译为对应的汉语关系从句的有135句，被孙法理译为对应的汉语关系从句的有156个。我们从三位译者都将其处理成为汉语关系从句的83个句子中找出带有指示代词"这""那"的译文，然后反观其英语原句是否有限定性关系从句还是非限定性关系从句的区别。我们找到了下列的六个句子。

例7-57.

　　Such was the picture, and he thrilled to the memory of it, wondering if *the man could paint it who had painted the pilot-schooner on the wall.*

　　吴译：当时正是这光景，他现在回想起来还感到毛骨悚然，心想不知道画墙上那幅领港帆船的那个人有没有本领把它描绘出来。

　　殷译：回想起这幅画面，他感到万分激动，心想绘制墙上那幅领港帆船的那位画家不知道有没有能耐把它画出来。

　　孙译：那景象便是如此，至今想起仍令他激动。他不知道那画出墙上那幅领港船的画家是否能把那场面画下来。

例7-58.

　　She did not remember the lout, nor the imprisoned soul, nor *the man who had stared at her in all masculineness and delighted and frightened her.*

　　吴译：她忘掉了那个粗人，忘掉了那个被关在牢房里的灵魂，也忘掉了那个用十足的男性气概盯着她瞧、叫她又惊又喜的男人。

　　殷译：这时她忘掉了那个粗人，忘掉了那个被囚禁起来的灵魂，那个带着十足男子汉气概盯着她看的男人，这个人使她又是欢喜，又是害怕。

　　孙译：她忘记了那莽汉、那被囚禁的灵魂；忘记了那带着满身阳刚之气盯着她、看得她快乐也害怕的人。

例7-59.

　　He read more of Swinburne than was contained in *the volume Ruth had lent him;*

　　吴译：他把露丝借给他的那本史文朋的诗集看了不算，还看了些别的；

　　殷译：他读过的斯温伯恩的诗已经不止是露丝借给他的那本诗

集了。

孙译：除了<u>露丝借给他的那一本</u>之外他还读了一些史文朋的作品。

例 7 - 60.

He captured *the hand that invited*, and felt on the palm familiar markings and distortions.

吴译：他抓住<u>那只自动送上来的手</u>，在手掌上摸到他熟悉的疤痕和畸形的骨头。

殷译：他抓住<u>那只充满期待的手</u>，在手掌上摸到了他所熟悉的高高低低的茧和疤痕。

孙译：他抓住<u>那只伸向他的手</u>，感到手上有熟悉的记号和伤残。

例 7 - 61.

She would never have guessed that *this man who had come from beyond her horizon*, was, in such moments, flashing on beyond her horizon with wider and deeper concepts.

吴译：她永远猜想不到的是：<u>这个来自她的天地以外的人</u>，就在这些时候，正在她的天地以外，怀着更广泛、更深邃的见解在大放光芒呢。

殷译：她压根儿不曾想到，<u>这个来自她的地平线以外的人</u>此时此刻正在以他更深更广的观念在她的地平线以外闪闪发光。

孙译：她不可能猜到<u>这个来自她的视野以外的人</u>此刻正在怀着更广阔深沉的思想飞速前进。

例 7 - 62.

…*the kind he saw printed in the magazines*—though he lost his head and wasted

two weeks on a tragedy in blank verse, the swift rejection of which, by half a dozen magazines, dumfounded him.

吴译：他还进一步写些形式比较简单的诗——<u>他从杂志上看到的那一种</u>——然而，他被冲昏了头脑，竟然浪费了两个星期，用无韵诗体写了一出悲剧，他把它接连投过五六家杂志社，都被很快地退回来，这叫他愣住了。

殷译：他还用了一种比较容易掌握的诗歌形式——就是<u>他在杂志上看到的那一类</u>——谁知他忘乎所以，浪费了两个星期用素韵体写了一个悲剧，被五六家杂志迅速退了稿，其速度之快令他目瞪口呆。

孙译：又拐弯写起较为平易的诗来——<u>他在杂志里见到的那种</u>。他还一时头脑发热花了两个礼拜用素体诗写了个悲剧。那剧本校六七个杂志退了稿，叫他大吃了一惊。

通过对以上例句的分析后发现，被处理为汉语译文中带有指示词"这""那"的关系从句的英语原句全部为限定性关系从句。在例（7-57）、（7-59）和（7-62）的译文中，指示代词"那"位于关系从句之后，而（7-58）、（7-60）和（7-61）中，指示代词"那""这"位于关系从句之前。这也可以进一步证明，指示代词与关系从句的前后位置不能作为判断汉语关系从句的功能差异的标准。

我们再来看 *Tess of The D'urbervilles* 中关系从句的汉译情况。张谷若将81个从句汉译为对应的关系从句，孙致礼、唐慧心将76个从句汉译为对应的关系从句，而王忠祥、聂珍钊将88个从句汉译为对应的关系从句。我们从三位译者同时将其翻译成48汉语关系从句的译文中，考察指示词"这""那"在关系从句的前后位置，再反观英语原句是限定性的还是非限定性的。以下例句是从这48个关系从句中找到的9个带有"这""那"的汉语关系从句。译者或者同时将"那"或"这"放在关系从句的前面，或者放置在关系从句后面。我们仔细分析英语原句，可以看出几乎全是限定性关系从句。再一次可以验证汉语中的指示词"这""那"与关系从句的前后位置对于判断汉语关系从句的功能几乎没有任何作用。

例 7-63.

But let the elder be passed over here for *those under whose bodices the life throbbed quick and warm.*

张译：不过这儿且休提那些上了岁数的人，而只讲<u>那些生命在紧身衣下跳动得热烈迅速的人</u>好啦。

孙译：不过，这里且不叙说那些年长的人，还是讲讲<u>那些在紧身衣下生命搏动得更急剧、更有朝气的人们</u>吧。

王译：不过还是让我们把年长的妇女放在一边，述说<u>那些生命</u>

在胸衣下跳动得快速而热烈的妇女吧。

例 7 - 64.

From her position he knew it to be *the pretty maiden with whom he had not danced.*

张译：从她站的地点上看，他知道<u>那就是他没能和她跳舞的那个美丽姑娘</u>。

孙译：从她的位置来看，他知道<u>这就是他没和她跳舞的那个漂亮姑娘</u>。

王译：他从她站的地点上可以看出来，她就是<u>那个他没有同她跳舞的漂亮姑娘</u>。

例 7 - 65.

She gave him brief particulars; and responding to further inquiries told him that she was intending to go back by *the same carrier who had brought her.*

张译：她把一切情况，简单地告诉了他一遍。他又问了她些别的话，她都回答了；又告诉他，说她打算坐<u>那趟把她带到这儿来的车</u>回去。

孙译：苔丝向他简单地讲了讲实情，并且回答了他提出的另一些问题，告诉他说，她打算乘坐<u>她来时坐的那辆大篷车</u>回去。

王译：她把具体情形对他简单地说了说；回答了他问的一些问题，就告诉他她打算搭乘<u>她到这儿来的时候坐的那趟车</u>回去。

例 7 - 66.

She had inherited the feature from her mother without *the quality it denoted.*

张译：她从她母亲那儿继承了这种特征，却没有<u>这种特征所表示的实质</u>。

孙译：她从母亲那里继承了这种特征，但却没有<u>这种特征所表示的特性</u>。

王译：她从母亲那儿继承了这种特征，但是却没有<u>这种特征所表示的本质</u>。

例 7 - 67.

"You shall catch it for this, my gentleman, when you get home!" burst in female accents from the human heap – those of *the unhappy partner of the man whose clumsiness had caused the mishap*; she happened also to be his recently married wife, in which assortment there was nothing unusual at Trantridge as long as any affection remained between wedded couples;

张译：那一堆人里面，有一个女人的声音骂道。那是那个闯祸的笨汉不幸的舞侣嘴里发出来的，她碰巧也正是他新婚的太太。在纯瑞脊这块地方上，结婚的男女，如果爱情还留存，一同跳舞，本是常事。

孙译：从人堆里冒出一个女人的声音——这说话的，就是那个由于笨拙而闯祸的男人的倒霉舞伴，还碰巧是他的新婚妻子——在特兰岭，夫妻之间只要还有感情，一同跳舞也是司空见惯的事。

王译："回了家我非得臭骂你一顿不可，我的先生！"骂人的话是从人堆里的一个女人嘴里发出来的——她是那个因笨拙而闯祸的男人的不幸舞伴，刚好又是不久前同他结婚的妻子。在特兰里奇，刚结婚的夫妇只要蜜月的感情还在，相互配对跳舞也没有什么奇怪的；

例 7 - 68.

Tess soon perceived as she walked in the flock, sometimes with this one, sometimes with that, that the fresh night air was producing staggerings and serpentine courses among *the men who had partaken too freely*;

张译：苔丝跟着那一群人往前去，有时和这个走一会儿，有时和那个走一会儿。走着的时候，她看出来，那些喝酒过量的男人，叫夜里的凉风一吹，走起路来，都有点摇摇晃晃、东倒西歪的样子。

孙译：苔丝夹在人群中，时而和这个走在一起，时而和那个走在一起，她很快发现，那些喝酒过多的男人，叫清凉的夜风一吹，走起路来摇摇晃晃，东扭西歪。

王译：苔丝在人群里一起走着，有时候同这个人一起走，有时候同另一个人一起走，不久她就发现，那些喝酒没有节制的男人，叫晚上的清风一吹，都有些步履蹒跚、摇摇晃晃的了；

例 7 – 69.

and *the young married woman who had already tumbled down*.

张译：还有一个就是先前跳舞跌倒了的那个结过婚的年轻女人。

孙译：还有一个就是刚才跌倒在地的那个结过婚的年轻妇女。

王译：还有那个今天被绊倒了的刚结婚的年轻女人。

例 7 – 70.

She had perceived that the horse was not *the spirited one he sometimes rode*, and felt no alarm on that score, though her seat was precarious enough despite her tight hold of him.

张译：她看出来，他们身下那匹马，并不是他有时候骑的那匹咆哮暴躁的，所以，虽然她紧紧抱着他还是坐不稳，她却并没害怕马会出什么岔子。

孙译：她发觉他们那匹马不是亚力克有时骑的那匹马，所以她并不为此感到惊恐，不过，尽管她紧紧抱着亚力克，她还是坐不安稳。

王译：她看见他们骑的这匹马不是他有时候骑的那匹烈性马，所以她并不感到慌张，虽然她紧紧地搂着他还是有些坐不稳。

以上我们通过考察英汉互译中的指示代词的情况，进一步验证了指示代词与关系从句的前后位置不能作为汉语关系从句功能差异的评判标准。

7.6　英汉关系从句的翻译策略

在前面的章节中，我们详细探讨了英汉关系从句的异同，验证了英汉关系从句中各自存在的争论焦点。我们发现，英汉关系从句最大的不同之处在于英语关系从句的限定性与非限定性在句法与语义上是相匹配的，而汉语的限定性与非限定在句法与语义上不相匹配，这给我们翻译关系从句造成了很多困难。在前面几个小节中通过翻译对等实例详细探讨了英汉关系从句在结构方面的区别。这些讨论为我们接下来要探讨的英汉关系从句的翻译提供了有力的基础。我们将在下面章节中基于我们观察到的英汉关系从句的异同，结合我们的翻译观来探讨英汉关系从句的翻译策略问题。首先探讨英译汉的翻译策略。

7.6.1 英语关系从句的汉译策略

英语的关系从句使用关系代词或关系副词有非常明显的形态标记，限定性与非限定性关系从句在形式上有逗号隔开，并且关系从句的限定性与非限定性在句法与语义上是基本匹配的。因此译者很容易从形式上就能判断出其功能。探讨英语关系从句汉译的文献不胜枚举，学者们从最初仅从英汉句法形式上的差异来探讨该问题，到现在越来越关注从句子的语用功能层面进行探讨。有些学者注重探讨具体的翻译技巧。如王洪强（2003：79－82），通过分析、评述张谷若的《德伯家的苔丝》汉译本中定语从句的翻译实例，提出了定语从句汉译的八种技巧：1. 译为定语从句；2. 译成并列分句；3. 译成状语从句；4. 译成宾语；5. 译成独立句；6. 译成谓语；7. 译成同位语；8. 译成文中注释。更多的学者意识到了语义语用功能对关系从句汉译的影响。顿官刚（2005：67）从篇章的角度探讨英语关系分句的翻译问题。认为英语关系从句的翻译主要有"无标记译法"和"有标记译法"两种，前者一般可以在句子层面完成操作，后者往往要受到篇章的限制。邱述德，汪榕培（1987：15）认为应该摆脱传统语法关于定语从句的概念，从语法形式、语义内容和语用特征三个平面立体地理解和处理这种结构形式，不与英语其他形式的定语和汉语的定语结构等同，不仅从微观上，而且从宏观上分析定语从句在话语中的动态，再区分主要信息和辅助信息和其他语用特征，进而选取适切的汉语形式。从而可以进行动态的翻译转换，使译文准而不死、活而不离、雅而不过。贾德江（2003：42－45）就英语关系从句的定义、分类鉴别标准和语义逻辑功能，以及汉译技巧进行了探讨。认为传统的语法书对英语关系从句的概念描述和汉译处理方法，过于注重结构形式而违背了语法属性，给英语关系从句的解读与翻译造成了一定的误导。贾提出了三点看法：1. 对英语关系从句的概念描述不宜只注重其形式而忽视其内容；2. 有无逗号与先行项隔开并不是区别限制性与非限制性关系从句的唯一标准；3. 应该从语义、逻辑或语用视角入手，研究探讨英语关系从句的解读与翻译方法。此外，还有学者对关系从句汉译的思维过程展开研究。如王金铨（2002）运用口头报告法对英语关系从句汉译时的动态思维过程进行了研究。认为：1. 不能只从语法关系去把握关系从句，还要从功能上去把握它；2. 不能把关系从句简化成"的"字结构。应让学生了解英汉两种语言在语序上的差别，使他们在翻译时，把原文的关系从句从定语结构的形式中解放出来；3. 翻译过程是一个极其复杂的心理过程，是非线性的波浪式前进的动态思维过程。

以上学者们的研究对我们探讨关系从句的汉译有很大启示，但也存在不足之处。比如，研究内容多有重复，所列举的例句往往选取佐证自己观点的实例，且多是经验之谈。其次，对中国学生学习和翻译英语关系从句进行探讨的文献很多，但有新意的较少。这些问题的存在明显不利于对外汉语教学和翻译教学的深入开展。

我们在前面提到过，尽管学者们努力从各个视角对关系从句的翻译进行探讨，但鲜有学者关注到在探讨翻译策略之前，首先应该端正或者明确对待翻译的态度问题。也就是说，译者认为翻译到底应该是什么样的。是可以任意改写，还是力求忠实于原文？是尽量靠近读者，还是尽量靠近原作？有什么样的翻译观，将决定译者采取什么样的翻译策略。因此，在探讨关系从句翻译策略之前，我们首先应该端正和明确我们的翻译观。我们认为，尽管翻译产品最终的形成会受到诸多因素的影响，但是有一点译者是不应该违背的，那就是忠实于源语文本。忠实的标准可以有不同的划分层次，但是语义的忠实是首要应该得到保证的。句法作为对语义的具体描述，在翻译中也应该尽量做到最大限度地贴近和忠实于原文的句法形式。在英汉语中，关系从句都是用以描写或者限定名词短语。限定性关系从句的功能是限定、缩小中心语的范围从而确定其指称便于识别，通常有对比性；而非限定性关系从句仅对中心语的属性进行描述或者补充说明，通常没有对比之意。关系从句在形式上也有大致对应的表达。如英语关系从句一般有关系代词或者关系副词的标识，汉语关系从句有"的"字作为标识。在理想的状态下，关系从句的互译应该是对应的。即英语的关系从句应该尽量译为汉语的关系从句，反之亦然。这是我们应该遵循的首要原则。

曹明伦（2001：24）曾经指出，中国译者对英语关系从句的翻译原则已达成了共识。归结起来有以下两条：1）是像汉语定语一样起修饰限制作用的英语定语从句都必须译成定语；2）对于起补充说明作用的英语定语从句则根据其补充说明的事项（如原因、目的、时间、地点、结果、假设、让步、条件以及伴随情况等）译成相应的状语从句或并列分句。他提出了自己在长期的翻译实践中翻译定语从句时的策略——"C 译法"。"C 译法"的诀要是：首先译出定语从句前的主句，然后重复先行词（或者说把代表先行词的关系词还原为先行词），再把定语从句译成定语置于被重复的先行词之前。

通对前面对英汉语料的多个译本的分析，我们认为曹明伦提出的"C 译法"符合我们的翻译观，是比较好的翻译策略。但是，在使用"C 译法"时，也应根据英语关系从句的长短而定。如果从句本身结构简短，则可直接翻译为汉语的关系从句，就像我们前面分析过的多位译者在翻译 *Martin Eden* 和 *Tess* 中结构简短的关系从句时所采用的翻译策略。

"无标记译法（unmarked translation）"和"有标记译法（marked translation）"是由顿官刚（2005：67）提出的英语关系从句的汉译策略。他从篇章的角度探讨英语关系分句的翻译问题。他所说的"无标记译法"指的是在句子层面上进行操作，将英语的限定性关系从句采用"前置法"译为带"的"字的定语词组，置于中心语之前；将非限定性关系从句则采用"后置法"译为一个分句或独立的句子。而"有标记译法"则主要包括：限定性关系分句翻译的"后置法"和非限定性关系分句翻译的"前置法"。顿官刚的观点给了我们很大启示。然而他得出的结论主要是基于对篇章的考察，没有涉及英汉关系从句本身语义与语用方面差异的探讨。我们认为，探讨英汉关系从句的翻译时，不但要考虑英汉关系从句的句法差异，更是要考虑两者在语义和语用方面的异同。我们在前面已经详细探讨了英汉关系从句在句法、语义和语用方面的差异，下面就根据我们的翻译观（即尽量忠实于源语言的语义与形式表达）以及我们对汉语关系从句功能的认定（即汉语关系从句的主要功能是限定性的，语境因素会消减其限定性）来探讨英语关系从句的汉译策略。

秦洪武，王克非（2010：137）认为，就英译汉而言，定语的处理应体现以下原则：尽量减轻汉语名词（主要是宾语）的负担。在这一原则下，英语里带有长定语的复杂句式通常要进行拆句处理，还汉语连贯靠词序不仗字眼的本色。非限定性从句主要起到传递辅助性信息的功能，因而汉译时不用前置，在主句之后顺次表达出来即可。由于英汉语关系从句表现形式上存在的差异，具体来说，英语关系从句的形式表达与功能是大致对应的，限定性与非限定性关系从句有逗号隔开的形式上的区别。而汉语的关系从句限定性与非限定性只有语义上的差别而无对应的形式差异，因此我们赞同大多数探讨关系从句翻译的学者的观点，将英语的非限定关系从句最好单独处理为一个独立的分句。这是从英语的句法形式就可以得出的判断，因此我们提出的第一个"无标记的翻译策略"就是：

将英语的非限定性关系从句尽量处理为汉语中的独立的分句。具体方法是，重复中心语，根据非限定性关系从句的具体功能（表原因、状态等）将从句翻译成独立的分句。如我们在第六章提到过的例句（6 - 36）：

Nature, which Emerson says "is loved by what is best in us," is all about us.

我们可以将其翻译为：

例 7 - 71.

自然就围绕在我们周围，而自然，爱默生说，是被人类至善至美的心所热爱的。

我们在考察 Martin Eden 和 Tess 的关系从句的汉译时，发现限定性关系从句结构的长短对译者是否将其处理为相应的汉语关系从句有很大影响。译者们倾向于将结构简短的英语关系从句汉译为对应的关系从句。因此，我们提出的第二个"无标记的翻译策略"就是：

将结构比较简短的限定性关系从句尽量翻译为对应的汉语从句。如我们在第六章中提到过的例句（6 - 35）：

Will you buy me *a magazine that I can read on the journey*?

因为关系从句结构比较简单，我们可以将其翻译成为对应的汉语关系从句：

例 7 - 72.

你能给我买本在旅途中读的杂志吗？

依然是基于前面对 Martin Eden 和 Tess 中关系从句的汉译分析，我们发现，译者们倾向于将英语中的存现句汉译为非关系从句。因此，我们提出的第三个"无标记的翻译策略"就是：

英语存现结构"There be…"中如果出现限定性关系从句，可以将其译为"有…的"汉语表达结构。如：

例 7 - 73.

There were *many students who like playing football in that school.*

我们可以将其译为：

那所学校有许多学生喜欢踢足球。

但是，根据我们的翻译观，译文应该尽可能忠实于原文中关系从句所要表达的语义和语用功能。例（7 - 73）的关系从句是限定性的，我们在汉语行文习惯允许的范围内，也应尽可能将其翻译成对应的汉语关系从句以表达关系从句的限定性。因此我们认为下列译文更为恰当：

那所学校里有许多喜欢踢足球的学生。

通过对英语关系从句的形式判断就可以得出以上几条翻译策略，因此我们将其称为"无标记的翻译策略"。我们接着探讨"有标记的翻译策略"。

在前面章节中，我们从英汉关系从句互译的角度来探讨英汉关系从句的差异时，注意到译者们倾向于将关系从句汉译为非对应的关系从句的原因，除了关系从句本身较长外，还有一些其他的情况，比如，中心语本身带有修饰成分，中心语在主句和从句中的句法位置等。探讨英语关系从句的汉译时不应该忽略这些客观存在的影响因素。因此，我们提出"有标记的翻译策略"包括以下几点：

第一、中心语自带前置或后置修饰语时，按汉语名词短语的前置修饰语的顺序进行翻译。英语的中心名词常常有前置的形容词或者介词短语修饰语，也有后置的介词短语修饰语。这些修饰语的存在，给本来就不太好处理的关系从句的汉译更增添了复杂性，增加了难度。但如果我们对英语名词短语修饰语的排列顺利和汉语名词短语的排列顺利有了清晰的认识，这个问题同样是可以迎刃而解的。学者们普遍认可，多项定语的排列顺序大致遵循这样一个规律，越是反映中心名词内在属性的、稳定的特征的修饰语越倾向于放在靠近中心名词的位置。反之，越是反映中心名词外在的、不稳定的特征的修饰语则倾向于放在离中心名词较远的位置。也就是说，越是带有说话人主观评价色彩的内容越倾向于放在整个名词短语的外层；越是描述客观属性的内容越倾向于放在短语的内层。在处理中心语本身带有比较长的修饰语时，尽量按照汉语定语的排列顺序来翻译。

如：

例 7 - 74.

　　A few major urban highways which were built by their company are now deserted.

根据汉语多项定语的排列次序，我们可以将其翻译为：

　　几条由他们公司修建的主要城区公路如今已废弃不用了。

第二、根据中心语在主从句中的句法位置，按照汉语的行文习惯进行翻译。因为汉语的定语只能前置，一般来说，如果英语中心语引导的限定性关系从句修饰主句的主语，那么翻译成汉语时可以将其前置于中心语前，也就是说翻译成对应的汉语关系从句即可。如：

例 7 - 75.

　　In recent years, *the number of people who learn driving* has increased.

可以将其翻译为：

　　最近几年间学开车的人越来越多了。

秦洪武，王克非（2010：177 - 181）用了非常贴切的比喻来区别汉语和英语的小句。汉语小句如同容器，英语小句如同拖挂车。凡是容器，容量就会有限。只要宾语出现了，汉语小句这个容器就会封口，不能再加别的东西；而英语的宾语有钩子，可以随时"加挂"分词、不定式、介词短语和定语从句。汉语句式容量有限，容纳不了太多、太长的修饰成分。因此，如果中心语在主句中充当旁语，一般来说英语的限定性关系从句结构会比较长。那么可以先将关系从句尽可能翻译成对应的汉语关系从句，然后再按照语义的层次和汉语的表达习惯对其进行调整。

如下面的例句：

例 7 - 76.

　　They found that he took a different seat from *that which he usually occupied when he chose to attend divine worship.*

　　这个例句中，中心语"that"在主句中充当旁语，而且，限定性关系从句中又包含一个状语从句，对这样的句子进行翻译时，我们采取的策略是首先将其翻译成对应的汉语关系从句，然后再根据汉语的表达习惯对其进行层次上的调整。

　　我们首先将其翻译为：

　　　　他们发现他坐在了一个不同于他往常做礼拜时总坐的那个座位上。

　　这样的译文显得句子的谓语和宾语间的距离太长，我们重新调整句子的层次和用词，按汉语的习惯讲其译为：

　　　　他们发现那天他没坐在往常做礼拜老坐的座位上。

　　我们以上提出的翻译策略，不但要考虑源语关系从句的形式和中心语的句法位置，而且要考虑目标语的行文表达习惯，因此我们将其称为"有标记的翻译策略"。

7.6.2　汉语关系从句的英译

　　对英语关系从句汉译的探讨文献很多，但鲜有文献提及汉语关系从句的英译问题。这与汉语关系从句概念在汉语语法中的长期缺乏有很大关系。文献中几乎没有专门针对汉语关系从句英译的探讨，只有针对汉语定语的英译探讨，如彭许根（1999）等。我们在前面探讨过英汉关系从句的区别。英语的关系从句有形式上的限定性与非限定性的对应区别，而汉语的限定性与非限定要依靠语义和语境进行判断。此外，汉语中有很多非常简短的关系结构。因此我们提出的翻译策略主要围绕这些差异而展开。我们先来看汉语关系从句英译的"无标记的翻译策略"：将结构简短的汉语关系从句翻译成英语的短语。

　　我们发现，汉语关系从句中有很多结构十分简短的情况。根据语言的"经济原则"，我们可以将其英译为英语的短语，包括前置的单个形容词修饰的名词短语；或是后置修饰语，如翻译成英语的分词、动名词和不定式等非谓语形式，以及后置介词短语等。如前面提到的《骆驼祥子》中出现的句子：

例 7-77.

　　　　看看身上的破衣，再看看身后的三匹 t 脱毛的骆驼，他笑了笑。

三位译者的译文如下：

James: Looking again at his torn clothes and then back at *the three shedding camels* behind him, he smiled.

施: Laughing at his own tattered clothes and *the three moulting camels* behind him,

Goldblatt: He looked down at his threadbare clothes, then at *the molting camels* behind him, and he laughed.

"脱毛的骆驼"被两位译者英译为"molting camels"，被一位译者英译为"shedding camels"

反之，将结构不是特别简短的汉语关系从句尽量处理为英语的限定性关系从句。这是我们可以从汉语关系从句的结构形式上就可以得出的翻译策略，因此我们将其称为"无标记的翻译策略"。

我们下面来看汉语关系从句的"有标记的翻译策略"。

结合汉语关系从句的语义和语用功能，以及语境因素对关系从句功能判断的影响因素，如果汉语关系从句充当的是描述功能，应将其翻译成英语的非限定性关系从句。虽然汉语关系从句最基本的功能是限定性的，但是，如果中心语为指称性极高的专有名词和代词，在不表示对比之意时，往往起到的是描写的功能。在这种情况下，就可以将其翻译为英语的非限定性关系从句。如《骆驼祥子》中的例句：

例 7-78.

那 t 抢他车的大兵，t 不给仆人饭吃的杨太太，t 欺骗他压迫他的虎妞，t 轻看他的刘四，t 诈他钱的孙侦探，t 愚弄他的陈二奶奶，t 诱惑他的夏太太……都会死，只有忠诚的祥子活着，永远活着！

Goldblatt（葛浩文）将这个长句中修饰人名的关系从句全部合理地翻译为英语的非限定性关系从句：

The soldiers who'd seized his rickshaw; *Mrs. Yang, who'd withheld food from her servants*; *Huniu, who'd deceived and oppressed him*; *Fourth Master, who'd been contemptuous of him*; *Detective Sun, who'd swindled him out of his money*; *Granny Ch'en, who'd made a fool of him*; *Mrs. Xia, who'd tried to seduce him*···They would die, all of them, while faithful, honest Xiangzi would live on forever!

　　总之，对汉语关系从句的功能判断主要是从语义和语用入手，如果确定汉语的关系从句所起的是描写功能，那么就将其翻译为英语的非限定性关系从句。这是通过对关系从句的功能判断得出的翻译策略，因此我们将其称为是"有标记的翻译策略"。

7.7　小结

　　本章通过考察语料中关系从句的互译情况，进一步验证了汉语关系从句中存在的三个争论焦点。之后以此为基础，提出了"无标记翻译策略"和"有标记翻译策略"。具体来说，英语关系从句汉译的"无标记翻译策略"包括：将英语的非限定性关系从句尽量处理为汉语中的独立的分句；将结构比较简短的限定性关系从句尽量翻译为对应的汉语从句；中心语引导的关系从句在主句中充当 PRE 时，尽量将其翻译为适合汉语行文表达的非关系从句。英语关系从句汉译的"有标记翻译策略"包括：中心语自带前置或后置修饰语时，按汉语名词短语的前置修饰语的顺序进行翻译；分析中心语在主从句中的句法功能，按照汉语的行为习惯进行翻译；如果中心语在主句中充当主语，尽量将其翻译为对应的关系从句，如果中心语充当旁语，且限定性关系从句过长，首先将其尽可能翻译成对应的汉语关系从句，然后再按照语义的层次和汉语的表达习惯进行调整。汉语关系从句英译的"无标记翻译策略"包括：将结构简短的汉语关系从句翻译成英语的短语。将结构不是太过简短的汉语关系从句应该处理为英语中的限定性关系从句。汉语关系从句英译的"有标记翻译策略"包括：根据汉语关系从句的语义语用功能的不同采用不同的翻译策略，如果关系从句充当的是描述功能，可以将其翻译成英语的非限定性关系从句。

第八章　结论

　　关系化作为一种可以帮助名词表达更为复杂的语义的句法操作手段，在不同语言中都普遍存在，对关系化的研究一直以来都是语法界的一个热点问题。学者们尝试从不同视角对其进行研究，得出了许多令人信服的研究成果，取得了令人瞩目的成绩。特别是世界各地的类型学家们，通过对世界上不同种类的语言进行研究，总结归纳了许多语言中存在的共性，对关系化的研究成果也层出不穷。然而，由于汉语是缺乏显性形态标记的语言，加上汉语语法中缺乏小句概念的这一传统的影响，汉语名词短语关系化的研究中一直存在着各种争论，对很多问题的看法都没有达到共识。句法、语义和语用相结合的研究范式是目前研究语言学的一个热点视角，但国内鲜有学者从句法、语义和语用三个层面深入地研究过汉语名词短语的关系化现象。因此，本研究以类型学为视角，对英汉名词短语的关系化现象进行了深入对比研究。通过采用文献搜集、定量与定性研究相结合、语料分析与语法判断相结合，将语言类型学的主要研究成果与理论解释与对比语言学进行研究的理论框架有机结合在一起，对英汉名词短语关系化策略进行了深入对比，并从句法、语义、语用三个层面考察了英汉关系从句的异同，对英汉关系从句中存在的争论焦点进行逐一验证。通过英汉关系从句的翻译对等实例，进一步验证我们提出的观点，得出了较为可信的，可证伪的结论。具体采用了下列类型学家的研究成果：Keenan & Comrie（1977）提出的"名词短语可及性等级序列（Noun Phrase Accessibility Hierarchy）"，Givón（1975）提出的"格的可复原性（case recoverability）"以及相关的八种不同关系化策略、Andrews（1975）以句法排列结构总结出不同语言中关系从句四个方面的不同体现等。此外还采纳了Vries（2002）提出的关系从句句法生成的提升理论（promotion theory）和德国类型学家 Seiler 对名词前定语成分功能的划分。通过采用功能对比的分析步骤，得出以下结论：

1）英汉语中都使用空位策略的现象，不同的地方在于：英语使用空位策略时有较为严格的限制，即除了在口语中会出现对主语关系化使用该策略外，在标准英语中，使用空位策略需要有更为严格的条件。空位策略只能适用于宾语的关系化（包括直接宾语、间接宾语、介词宾语和比较宾语）。汉语中的空位策略则主要出现在对主语的关系化。而英语中最常使用，最典型的关系化策略是关系代词策略，汉语中没有使用这一策略。此外，虽然英汉语都使用了代词保留策略，但英语中的代词保留现象已经是一种边缘化的现象，仅出现在非标准英语中。汉语除了对主语和直接宾语进行关系化操作可以不需要使用到代词保留策略外，其他语法成分的关系化都需要采用代词保留策略。英语和汉语在关系化属格语时表现出了极大的不同，英语无论是对主语属格语还是对宾语属格语进行关系化，都使用关系代词 whose。而汉语关系化主语属格语和宾语属格语有一定差别。无论被关系化的是有定名词还是无定名词，无论是表达不可让渡的还是可让渡的领属关系，也无论汉语的 GEN 中含不含有"的"字，GEN_{SUJ} 一般都可以用空位策略关系化，也可以用复指策略。而 GEN_{OBJ} 则都不可以用空位策略关系化，需要复指代词。但是，如果被关系化的宾语属格语在句子中还有补语成分，那么无论被关系化的是有定名词还是无定名词，无论是表达不可让渡的还是可让渡的领属关系，无论是关系化 GEN_{SUJ} 还是 GEN_{OBJ}，都可以用空位策略和复指策略，而且使用空位策略更为常见。

2）验证了英汉语带论元关系从句的生成方式原则上相同，都是通过算子/空算子移位和核心名词提升操作生成的；汉语关系从句的生成需增加最后一步"残余移位"（remnant movement）：把关系从句移至 Spec-DP，以生成 A 结构（RC D N）；或移入限定词与核心名词之间，生成 B 结构（D RC N）。

3）在英语中，无论是在限定性关系从句还是在非限定性关系从句中，有定名词短语充当中心语的比例要高于无定名词短语。无论是在限定性关系从句中还是非限定性关系从句中，无论是有定名词短语还是无定名词短语，在从句中充当主语的概率最大。中心名词的有定性与与无定性对关系代词/副词的选择没有太大影响。此外，限定性关系从句在篇章中的分布比例要远远高于非限定性关系从句。而汉语呈现的情况是，无论是带有指示代词"这""那"标识的有定名词短语，还是带有数量词标识的无定名词短语，在从句中充当主语的概率要远远高于充当其他句法成分。指示代词和数量词出现在关系从句前是一种"无标记的"优势语序，指示代词和数量词出现在关系从句后往往是为了达到某种语用目的，比如为了避免产生歧义或是为了突出动作或某种状态，是一种"有标记的"语序。

4）无论是英语还是汉语，都有关系从句对专有名词和代词进行限定的情况。对英汉语关系从句争论焦点 1 的验证结论是：中心语为专有名词或是代词不是界定关系从句只能是修饰性而不是限定性的充分条件。在一般情况下，英汉语的关系从句对专有名词和代词是进行描写。但是，如果在一定的语境中，需要对中心语进行缩小范围以示对比的话，关系从句就起到限定性的功能。针对英语关系从句存在的争论焦点 2，我们认为，中心语为有定名词和无定名词时，其后的限定性关系从句不同质，是因为有定名词短语和无定名词短语的自身的属性差异造成的。有定名词短语具有确定特指的功能，因此其后的限定性关系从句不需要对其进行进一步补充说明，只需要起到缩小范围的限定作用。无定名词短语往往具有不确定性，需要利用关系从句进一步对其进行补充说明，因此其后的限定性关系从句也可以具有补充说明的功能。对于英语关系从句的争论焦点 3，我们同意文献中的观点，英语的限定性关系从句与非限定性关系从句的区别在句法与语义上是相匹配的。限定性关系从句往往对中心语具有缩小范围的限定功能。非限定性关系从句往往只对中心语作出补充说明，并非不可或缺。针对汉语关系从句中的争论焦点 2，我们的研究表明，指示代词在关系从句的前后位置与关系从句的功能区别没有必然的相关性。汉语关系从句的功能体现主要取决于语境。针对汉语关系从句存在的争论焦点 3，我们认为汉语关系从句的限定性与非限定性的区别在句法和语义并不匹配。汉语关系从句功能的鉴别主要需要通过具体的语境，视其语义而定。汉语关系从句最主要的功能是从一个认知域中确立出一个特定的成员，是限定性的。汉语关系从句的限定性因为受到语用环境和中心语属性差异的影响而强弱不同，我们可以将其看着是一个连续体。其限定性主要体现在两个方面：确定指称和刻画概念。多重关系从句的排列顺序是：确定指称的关系从句离中心语较远，而刻画概念的关系从句离中心语最近。

5）通过对英汉关系从句的互译实例的剖析，进一步阐释了英汉关系从句存在的差异，并再次验证了汉语关系从句中争论的焦点。并以此为基础，提出了翻译的"无标记翻译策略"和"有标记翻译策略"。具体来说，英语关系从句汉译的"无标记翻译策略"包括：将英语的非限定性关系从句尽量处理为汉语中的独立的分句；将结构比较简短的限定性关系从句尽量翻译为对应的汉语从句；中心语引导的关系从句在主句中充当 PRE 时，尽量将其翻译为适合汉语行文表达的非关系从句。英语关系从句汉译的"有标记翻译策略"包括：中心语自带前置或后置修饰语时，按汉语名词短语的前置修饰语的顺序进行翻译；分析中心语在主从句中的句法功能，按照汉语的行为习惯进行翻译；如果英语的限定性关系从句过长，将其尽可能翻译成对应的汉语关系从句，然后再按照语义的层次和汉语的表达习惯对其进行调整。汉语关系从句的英译的"无标记翻译策略"包括：将结构简短的汉语关系从句翻译成英语的短语；将结构不是太过简短的汉语关系从句应该处理为英语中的限定性关系从句。汉语关系从句英译的"有标记翻译策略"包括：根据关系从句的语义语用功能的不同体现采用不同的翻译策略，如果汉语从句充当的是描述功能，可以将其翻译成英语的非限定性关系从句。

8.1 本书的创新之处

1）方法论上的创新。以类型学为视角，利用语言类型学研究成果及理论解释，结合对比功能分析的研究方法，对英汉关系化现象的主要争论焦点进行不断假设和验证，得出新的可证伪的假设及其成立的条件。将类型学与对比语言学有机统一起来进行研究，是较为科学的研究方法；从句法、语义和语用三个方面对关系从句进行研究，得出了较为可信的结论，是较为全面的研究方法。

2）语料选择上的创新。改变以往对关系化的研究只对原始语料进行考察的传统，增加了对英汉互译双语平行语料库的考察，为了将译者的主观因素对译作产生的影响减少到最小，本文采用了英汉小说各自对应的三个不同的译本。对英汉源语文本与翻译文本进行两方面的对比分析，保证了结论的相对客观性，对于今后研究相关课题的语料选择有一定的借鉴价值。

3）研究内容上的创新。通过研究被前人时贤忽略的无定名词短语关系化的研究，进一步扩大和充实了关系从句的研究内容。基于汉语关系从句的最基本的限定功能，建立了汉语关系从句限定功能的一个连续统。

8.2　本书存在的不足和今后的研究方向

本书存在的不足主要体现在以下两个方面：

1）研究内容的不足。该研究仅选取了英汉书面语体中的关系从句进行研究，没有涉及口语中的关系从句；该研究重点考察的是叙事小说文本中的关系从句，对其他文体的关系从句没有进行深入探讨；仅考察了汉语的前置关系从句，没有对汉语的无头关系从句和后置关系从句进行研究；仅选取了以动词作为谓语的汉语关系从句进行研究，排除了汉语中形容词作为谓语的情况；

2）研究深度的不足。由于涉及研究的焦点较多，加上语料库的建立需要耗费大量时间，可能会导致研究不够深入；由于从小说中提取关系从句的工作完全是依靠人工提取，可能会出现个别遗漏的现象；受限于本人的研究能力和对其他学科的有限涉略，对文献的汲取和对理论的解释力度可能不够全面；受囿于本文作者有限的理论知识，本文主要是对观察到的现象进行描述，对理论的挖掘和提升不够深入。

今后的研究方向：可以吸取以上各方面的存在的不足对英汉名词短语关系化进行深入研究。将范围扩大至研究不同语体中关系从句的异同，研究汉语"广义的关系从句"等。重点可考察汉语中"形容词＋的"作定语的关系从句与"动词（短语）＋的"作定语的关系从句的异同，以及动词的不同分类对关系从句功能体现的影响和关系从句在语篇中的功能体现等。

参考文献

Andrews, Avery D. Relative Clauses [A] . In Shopen Timothy (ed.) .
  Language Typology (VolⅡ), 2nd ed [C] . New York: Cambridge University
  Press, 2007: 206 – 236.

Ariel, Mira. *Accessing Noun-phrase Antecedents* [M] . London: Routledge. 1990.

Borsley, Robert D. Relative Clauses and the Theory of Phrase Structure [J] .
  Linguistic Inquiry, 1997, 28 (4): 629 – 647.

Burton-Roberts, Noel. On the Generic Indefinite Article [J] . *Language*, 1976,
  52 (2): 427 – 448.

Carlson, G. *Reference to Kinds in English* [D] . University of Massachusetts. 1977.

Chesterman, Andrew. *On Definiteness*: *A study with special reference to English
  and Finnish* [M] . New York: Cambridge University Press, 1991.

Chesterman, Andrew. *Contrastive Functional Analysis* [M] . Amsterdam:
  Benjamins, 1998.

Ching Ti & Robert Payne. Trans. *"The Frontier City" in the Chinese Earth:
  Stories by Shen Ts'ungwen* [M] . New York: Columbia University
  Press, 1982.

Comrie, Bernard & Keenan, Edward L. Noun Phrase Accessibility Revisited
  [J] . *Language*, 1979 (3): 649 – 664.

Comrie, Bernard. *Language Universals and Linguistic Typology* (2nd ed)
  [M] . Beijing: Peking University Press, 2009.

Cook, Vivian & Newson, Mark. *Chomsky's Universal Grammar*: *An
  Introduction* (2nd ed) [M] . Foreign Language Teaching and Research
  Press & Blackwell Publishers Ltd, 2000.

Croft William. *Typology and Universals* [M] . Foreign Language Teaching Research Press & Cambridge University Press, 2000.

Daniel N. Maxwell. Strategies of Relativization and NP Accessibility [J] . *Language*, 1979 (2): 352 – 371

Del Gobbo, Francesca. *Chinese Relative Clauses: Restrictive, Descriptive or Appositive?* [EB/OL] http: //venus. unive. it/fdelgobb/Del% 20Gobbo. iggxxx. rtf Diesing, Molly. *Indefinites* [M] . Cambridge, MA : The MIT Press, 1992.

Dik, Simon C. *Studies in Functional Grammar* [M] . New York: Academic Press, Inc, 1979.

Fabb, Nigel. The Difference between English Restrictive and Nonrestrictive Relative Clauses [J] . *Journal of Linguistics*, 1990, 26 (1): 57 – 77.

Fox, Barbara A & Thompson, Sandra A. A Discourse Explanation of the Grammar of Relative Clauses in English Conversation [J] . *Language*, 1990 (2): 297 – 316.

Gentzler, Edwin. *Contemporary Translation Theories* [M] . London&NewYork: Routledge, 1993.

Givón, Talmy. *On Understanding Grammar* [M] . New York: Academic Press, Inc, 1979.

Givón, Talmy. *Syntax: A Functional-Typological Introduction (Vol. 2)* [M] . Amsterdam: John Benjamins. 1990.

Givón, Talmy. English Grammar: *A Function-Based Introduction* [M] . Amsterdam: John Benjamins. 1993.

Granger, Sylviane. Lerot, Jacques. & Petch-Tyson, Stephanie (eds.) . *Corpus-based Approaches to Contrastive Linguistics and Translation Studies* [C] . Beijing: Foreign Language Teaching and Research Press, 2007.

Greenberg, Joseph H. Ferguson, Charles A. & Moravcsik, Edith A. (eds.) . *Universals of Human Language (Vol, 4)* [C] . California: Stanford University Press, 1978.

Guy, Gregory R. & Robert. Barley. On the Choice of Relative Pronouns in English [J] . *American Speech*, 1995, 70 (2): 148 – 162.

Hahn, E. Adelaide. Relative and Antecedent [J] . *Transaction and Proceedings of the American Philological Association*, 1964 (95): 111 – 141.

Hawkins, John A. Acquisition of Relative Clauses in Relation to Language Universals [J] . *Studies in Second Language Acquisition*, 2007 (29): 337 – 344.

Hawkins, Roger. The Noun Phrase Accessibility Hierarchy: Lame Duck or Dead Duck in Theories ofSLA? [J] . *Studies in Second Language Acquisition*, 2007 (29): 345 – 349.

Hendery, Rachel. *Relative Clauses in Time and Space* [M] . John Benjamins Publishing Company, 2012.

Hogbin, Elizabeth & Song, Jae Jung. The Accessibility Hierarchy in Relativization: The Case of Eighteenth-and Twentieth-Century Written English Narrative [J] . *SKY Journal of Linguistics*, 2007 (20): 203 – 233.

Hsiao, Franny & Gibson, Edward. Processing relative clauses in Chinese [J] . *Cognition*, 2003 (90): 3 – 27.

London, Jack. *Martin Eden* [M] . Beijing: The Commercial Press, 1978.

Jackendoff, Ray. *Semantic Interpretation in Generative Grammar* [M] . Cambridge, Massachusetts: The MIT Press, 1972: 61 – 62.

Jackendoff, Ray. *Semantic Structures* [M] . Cambridge, Massachusetts: The MIT Press, 1990.

James, Carl. *Contrastive Analysis* [M] . Qingdao: Qingdao Publishing House, 2005.

Kayne, Richard S. *The Antisymmetry of Syntax* [M] . Cambridge, Massachusetts: The MIT Press, 1994.

KinkJey, Jeffrey C. *Border Town* [M] . New York: Harper Collins Publishers, 2009.

Kuno, Susumu. *Functional Syntax* [M] . Chicago and London: The University of Chicago Press, 1987.

Li, Yen-hui Audrey. Universal Constructions? Relativization in English and Chinese [J] . *Concentric*, 2001, 27 (2): 163 – 187.

Maxwell, Daniel N. Strategies of Relativization and NP Accessibilty [J] .

Language, 1979, 55（2）: 352-371.

Quirk, R. , S. Greenbaum, G. Leech & J. Svartvik. *A Comprehensive Grammar of the English Language* [M] . London: Longman Group Limited, 1985.

Rizzi, Luigi. *Relativized Minimality* [M] . Cambridge, Massachusetts: The MIT Press, 1996.

Safir, Ken. Relative Clauses in a Theory of Binding and Levels [J] . *Linguistic Inquiry*, 1986, 17（4）: 663-689.

Sag, Ivan A. English Relative Clause Constructions [J] . *Journal of Linguistics*, 1997, 33（2）: 431-483.

Tallerman, Maggie. Relativization strategies: NP accessibility in Welsh [J] . *Journal of Linguistics*, 1990, 26（2）: 291-314.

Tang, Ting-Chi. *Relative Clauses in Chinese. In Studies in Chinese Syntax* [M] . Taipei: Student Book Co. 1979.

Taylor, John R. *Linguistic Categorization: Prototypes in Linguistic Theory* (*2nd ed*) [M] . Foreign Language and Research Press & Oxford University Press, 2003.

Trosborg, Anna. (ed.) . *Text Typology and Translation* [C] . Shanghai: Shanghai Foreign Language Education Press, 2012.

Vries, Mark de. *The Syntax of Relativization* [M] . Utrecht: LOT. 2002.

Vries, Mark de. The Syntax of Appositive Relativization: On Specifying Coordination, False Free Relatives, and Promotion [J] . *Linguistic Inquiry*, 2006, 37（2）: 229-270.

Yang, Gladys. Trans. *The Border Town and other Stories by Shen Congwen* [M] . Beijing: Panda Publishing House, 1987.

Zhang, Niina Ning. The Syntactic Derivations ofSplit Antecedent Relative Clause Constructions [J] . *Taiwan Journal of Linguistics*, 2007, 5（1）: 19-48.